영어 독해력 증강 프로그램
행복한 명작 읽기 21

톨스토이 단편선

Tolstoy's Short Stories

다락원

행복한 명작 읽기

  어린 시절 누구나 한번쯤 읽게 되는 아름다운 동화와 명작은 훗날 어른이 되어서도 따뜻한 기억으로 가슴에 남기 마련이죠. 이제 영어로 다시 한번 명작의 세계에 빠져 보는 건 어떨까요? 한글 번역본에서는 절대 느낄 수 없는 원작의 깊이를 그 느낌 그대로 맛볼 수 있고, 이미 알고 있는 이야기라 어렵지 않습니다. 즐겁게 읽어 나가는 사이에 독해력이 쑥쑥 자라는 것은 기본이죠.

  「행복한 명작 읽기」 시리즈는 기초가 약한 영어 초급자나, 중, 고등 학생이 보다 즐겁고 효과적으로 영어 명작을 읽으며 독해력을 키울 수 있도록 개발된 독해력 증강 프로그램입니다.

  초보자를 위한 250단어 수준에서 중고급자를 위한 1,000단어 수준까지 6단계로 구성되어 있는 이 프로그램은 단계별로 효과적인 영어 읽기 요령을 제시하고 영문 고유의 참맛을 느낄 수 있는 장치가 곳곳에 배치되어 있습니다. 영어 표현 및 문법에 대한 친절한 설명, 어휘 학습과 내용의 이해를 돕는 퀴즈, 그리고 매 페이지 펼쳐지는 멋진 그림까지 어디 한군데 소홀함 없이 구성했습니다. 여기에 권말 특별부록 '리스닝 길잡이'를 곁들여, 읽기에서 그치지 않고 체계적인 듣기 학습까지 아우르고 있습니다. QR코드를 찍어 전문 미국 성우들의 생동감 넘치는 음성으로 본문을 들어 보세요.

  본문은 단계별 독자들의 수준을 고려하여 원어민 전문 필진이 교육부 선정 어휘를 가지고 표준 미국식 영어로 리라이팅하였기 때문에 정규 교과 학습에도 큰 도움이 될 것입니다. 「행복한 명작 읽기」를 통해 영어를 읽고 듣는 재미에 푹 빠져 보시기 바랍니다.

행복한 명작 읽기 연구회

Introduction

이 책의 저자

톨스토이 (1828~1910)
Lev Nikolaevich Tolstoy

19세기 러시아 문학을 대표하는 세계적 작가인 동시에 사상가. 유서 깊은 백작 집안의 넷째 아들로 태어났다. 대학을 중퇴한 후 고향으로 돌아와 지주로서 영지 내 농민생활의 개선을 위해 노력하였으나, 그의 이상주의는 실패로 끝나 모스크바에서 방탕한 생활에 빠져들었고 1851년에는 군에 입대하여 실전을 치르기도 하였다. 이 시기에 쓰여진 많은 작품들은 전쟁 경험을 토대로 삶과 죽음, 민족문제, 계획적 대량학살 등을 종합적으로 고찰한 것들이 주를 이룬다. 55년 군에서 제대할 무렵 이미 청년작가로서의 지위를 확고히 하였다. 62년 결혼한 뒤 문학에 전념하여 그의 대표작이 된 《전쟁과 평화》,《안나 카레니나》,《부활》을 발표하였다. 그의 작품들의 공통점은 이웃에 대한 사랑, 선과 악, 신앙과 불신, 죽음과 삶의 의미 등의 무거운 주제가 톨스토이 특유의 설득력과 함께 이해하기 쉽고 힘 있게 담겨 있다는 점이다. 82세의 생애 동안 90여권의 저서를 남긴 톨스토이는 도스토예프스키와 함께 러시아를 대표하는 작가로서 자리 매김하고 있다.

「사람은 무엇으로 사는가」와 「바보 이반」은 톨스토이의 대표적인 단편 소설이다.

《사람은 무엇으로 사는가》는 톨스토이의 순수한 종교관을 나타내고 있는 작품으로 천사 미하일이 인간 세계에서의 경험을 통해 '사람은 무엇으로 살아가는가?'라는 질문에 '사랑으로 살아간다'라는 답을 내기까지의 과정을 그리고 있다.

《바보 이반》은 1885년 작품으로 우둔하지만 정직하고 부지런한 바보 이반이 타고난 성실성을 바탕으로 야비하고 욕심 많은 두 형들을 제치고 성공하는 것을 민화의 형식을 빌어 표현하고 있다. 톨스토이는 이 작품에서 '바보 이반'이라는 완전한 인간의 모습을 명확하고 단순하게 보여주고 있다.

톨스토이의 단편들은 서민적인 삶 속에서 사랑에 대한 의무와 책임, 우정, 노동의 신성함 등의 주제를 쉽고 아름답게 표현하여 읽는 이로 하여금 삶에 대해 다시 한번 진지한 성찰을 해 볼 수 있게 한다.

How to Use This Book
이 책, 이렇게 보세요

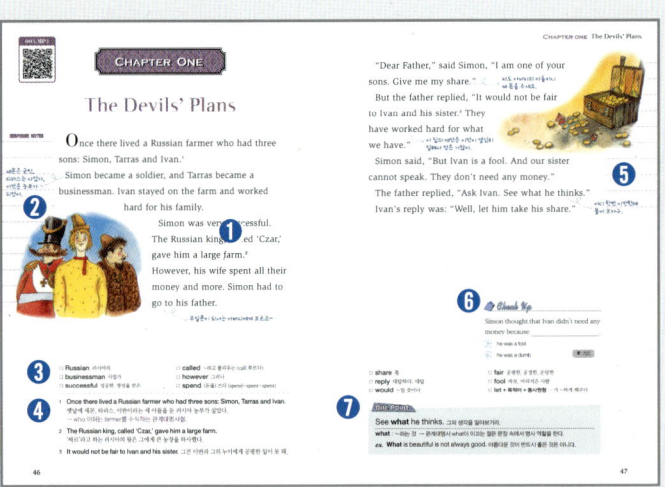

❶ 영어 본문
구문별·문장별로 행이 구분되어 있어
의미를 파악하기 쉽습니다.

❷ 해석 도우미
영문의 포인트 및 뉘앙스를 재미있게
설명했습니다.

❸ 어휘 설명
초등 필수 어휘 이상의 단어와 표현은
해당 의미를 명기했습니다.

❹ 문장 해석
다소 복잡하거나, 전체 줄거리의 핵심이
되는 문장은 해석을 달았습니다.
조그맣게 어깨 번호가 있는 문장은
하단을 확인해 보세요.

❺ RESPONSE NOTES
독자의 공간입니다. 영문을 읽어 나가다가
궁금한 점, 기억해 두어야 할 것을 메모하세요.

❻ Check-Up
내용 파악이 잘 되었는지 확인하는 퀴즈입니다.

❼ One Point
주요 문법사항이나 표현에 대한 심층 분석 코너.
어려운 문법도 알기 쉽게 정리됩니다.

MP3 무료 다운로드
MP3 파일을 다락원 홈페이지(www.darakwon.co.kr)
에서 다운로드받을 수 있습니다. 스마트폰으로 표지의
QR코드를 찍으면 다락원 홈페이지로 바로 연결되어
MP3를 재생할 수 있습니다.

How to Improve Reading Ability

왕초보를 위한 독해 가이드

1단계 군더더기는 필요 없다, 키워드를 잡아라.

문장 중 핵심어를 통해 대략적인 의미를 잡아내는 연습을 해보자. 단어 몇 개를 보고 무슨 내용인지 짐작해 보는 게 무슨 실력이냐 하겠지만, 큰 효과가 있다. 계속 해나가다 보면 우연히 맞힌 게 아니라, 실력으로 맞힌 것임을 알게 될 것이다.

2단계 길면 쪼개라.

문장을 의미 단위별로 끊어서 읽는다. 이 책은 의미 단위에 맞춰 행이 바뀌어 있다. 행이 바뀌는 게 거슬리는 순간, 여러분은 다음 단계로 올라가면 된다.
이때 앞에서부터 차례로 의미를 파악하는 습관을 들인다. 문장을 거슬러 올라오면서 해석하는 버릇이 들면, 읽는 시간이 오래 걸릴 뿐 아니라 리스닝할 때 큰 난관에 부딪히게 된다.

3단계 넘겨 짚는 것도 능력이다, 모르면 때려 맞춰라.

모르는 단어가 나와도 바로 사전을 찾지 말자. 문맥 속에서 유추하는 능력도 길러야 한다. 전혀 모르겠는 문장도 일단 어떤 이야기일 것이라고 생각해 본 다음, 해석을 확인하거나 사전을 찾도록 한다.

4단계 많이, 여러 번 읽어라.

영어를 정복하는 지름길은 없다. 많이 읽고, 여러 번 읽는 자만이 정상에 오를 수 있다. 꾸준히 영어를 접하다 보면 자기도 모르는 사이에 영어 실력이 쑤욱 올라간 느낌을 경험하게 될 것이다.

contents

Introduction 4
How to Use This Book 이 책, 이렇게 보세요 6
How to Improve Reading Ability 독해 가이드 7

What Men Live By

    Before You Read 10

[MP3] 001 **CHAPTER ONE**
    Simon, a Shoemaker 12
    Comprehension Quiz 24

    Understanding the Story 26

[MP3] 002 **CHAPTER TWO**
    Angel of the Earth 28
    Comprehension Quiz 40

Ivan the Fool

    Before You Read 44

[MP3] 003 **CHAPTER ONE**
    The Devils' Plan 46
    Comprehension Quiz 58

    Understanding the Story 60

[MP3] 004 **CHAPTER TWO**
    Ivan vs. the Devils 62
    Comprehension Quiz 76

[MP3] 005 **CHAPTER THREE**
    Ivan, the Leader 78
    Comprehension Quiz 98

권말 부록

독해 길잡이 100
리스닝 길잡이 104

[MP3] 006 | 즐거운 리스닝 연습 106
[MP3] 007 | Listening Comprehension 110

전문 번역 113

What Men Live By

사람은 무엇으로 사는가

Before You Read

〈사람은 무엇으로 사는가〉의 등장인물들이 여러분께 자기 소개를 합니다. 반갑게 맞아 주세요.

Simon 세몬

I am a simple shoemaker who lives in the Russian countryside. Life is difficult because it is hard to make money. Martha, my wife, and I try to live as best as we can. But our life has changed a little after I met a naked young man.

나는 러시아의 시골에 사는 보잘 것 없는 구두장이오. 돈 벌기가 어려우니 사는 게 힘들군요. 내 아내 마사와 나는 되도록 잘 살려고 노력합니다. 하지만 내가 한 벌거벗은 젊은이를 만난 이후 우리의 생활은 조금 달라졌답니다.

simple 평민의, 보잘것 없는 / countryside 시골, 지방 / make money 돈을 벌다
as best as we can 가능한 한 최고로 / naked 발가벗은

Michael 미하일

I am an angel from Heaven. God tells me to gather good people's souls when they die, and bring them to Heaven. Once, I did not want to bring a mother's soul to Heaven. So God sent me to live with Simon so that I could understand God's plan for humans.

난 천국에서 온 천사입니다. 하느님은 저에게 선한 사람들이 죽으면 영혼을 거두어 천국으로 데려 오라고 시키셨어요. 한번은 한 어머니의 영혼을 천국으로 모셔 오는 게 내키지 않았습니다. 그래서 하느님은 저를 세몬과 함께 살도록 보내셨고 인간에 대한 하느님의 뜻을 깨달을 수 있도록 하셨어요.

gather 거두다, 모으다 / soul 영혼 / human 인간, 사람

Martha 마사

I am Simon's wife. Simon is a good man most of the time, but sometimes he makes me angry. For example, he should be stronger in his business. He lets his customers delay their payment too long!

난 세몬의 아내예요. 세몬은 대체로 좋은 사람인데, 가끔은 절 화나게 만들죠. 예를 들어 그는 자기 일에 좀더 단호해져야 해요. 그는 손님들의 외상값을 너무 오래 미뤄 준다고요!

most of ~의 대부분 / **customer** 손님, 고객 / **delay** 연기하다, 늦추다 / **payment** 지급, 지불

Rich Gentleman 부유한 신사

I am a rich noble, who can afford the finest things in Europe! If people do not do what I want, I can have them punished because I have many friends in the government.

난 부유한 귀족으로 유럽에 있는 최고 명품을 사들일 능력이 있지! 사람들이 내가 원하는 대로 하지 않으면 혼내 줄 수 있어. 정부에 친구들이 많거든.

noble 귀족 / **afford** ~할 여유가 있다 / **finest** 최상의, 최고의 / **punish** 벌하다

Woman who raises two daughters 두 딸을 키우는 여인

My neighbors died and left their two babies all alone. So we adopted them and raised them as our daughters. I love them very much, as if they were my own.

내 이웃이 세상을 떠나며 아기 둘을 달랑 남겼답니다. 그래서 그 애들을 데려다 우리 딸처럼 키웠지요. 난 그 아이들이 내 친자식인양 너무나 사랑하고 있답니다.

raise ~을 키우다 / **all alone** 혼자서 / **adopt** 양자 삼다, 입양하다

CHAPTER ONE

Simon, a Shoemaker

RESPONSE NOTES

어느날 구두장이 세몬은 코트를 사러 길을 나섰어.

In old Russia, there was once an old shoemaker named Simon. He and his wife were not rich. One day in the late fall, Simon left his house to buy a winter coat. He and his wife needed a new coat to share.[1]

→ 코트를 함께 입는다니 꽤 가난한가봐.

- **shoemaker** 구두 만드는 사람, 구두장이
- **share** 공유하다, 함께 쓰다
- **ruble** 루블 (옛 러시아의 화폐 단위)
- **plan to** ~할 계획이다
- **customer** 고객, 단골
- **on the way** 도중에
- **owe** 빚지고 있다, 지불할 의무가 있다
- **kopek** 코펙 (옛 러시아의 화폐 단위 = 1/100 ruble)
- **several** 몇몇의, 몇 명의
- **collect** (돈을) 받다; 모으다
- **shopkeeper** 가게 주인
- **at once** 한번에, 즉시
- **promised** 약속된

CHAPTER ONE Simon, a Shoemaker

He had only three rubles, but he also planned to visit some of his customers on the way. They owed him five rubles for work he had already done.² 외상값을 받아서 코트 값을 마련하려는 모양.

Simon went to several customers' houses, but he could only collect about twenty kopeks. 하지만 수금한 건 겨우 20코펙 뿐.

When the shoemaker went to the store to buy a coat, he did not have enough money. He asked if he could pay part of the money now and the rest later. But the shopkeeper said, "Bring all the money at once.³ You and I both know it is difficult to collect promised money."⁴ 세몬이 외상값 받기가 쉽지 않다는 걸 잘 알지.

---

1 **He and his wife needed a new coat to share.**
  그와 그의 아내는 함께 입을 새 코트가 필요했다.
2 **They owed him five rubles for work he had already done.**
  그들은 그가 이미 해준 일의 대가로 그에게 5루블의 외상이 있었다.
3 **Bring all the money at once.** 돈을 전부 한번에 가지고 오시오.
4 **You and I both know it is difficult to collect promised money.**
  당신이나 나나 약속된 돈을 받기가 어렵다는 걸 알고 있잖소.

One Point

He asked **if** he could pay part of the money now and the rest later.
그는 지금 그 금액의 일부를 지불하고, 나중에 나머지를 치뤄도 되겠는지 물었다.

종속 접속사 **if** : ~인지 아닌지 → 간접의문문을 이끈다. whether도 마찬가지.

ex. Ask him **if** the rumor is true. 그 소문이 사실인지 그에게 물어 봐.

Simon felt frustrated. He spent the twenty kopeks on vodka, and started walking home. Even though it was getting dark now, the vodka kept him warm.¹

에라, 화나는데 술이나 마시자.

As Simon was walking, he came near a small church by the road. He saw something white behind the church.² It looked like a man without clothes! Suddenly, Simon felt afraid.

이 추운 날씨에 벌거벗은 사람이라니!

"Robbers must have killed him and taken his clothes," Simon thought.³ "I must hurry or they will catch me, too!" → *빨리 도망가자, 나도 잡힐라.*

- □ frustrated 화가 나는, 좌절한, 낙담한
- □ spend A on B B에 A를 소비하다
- □ even though 비록 ~이지만
- □ keep (어떤 상태를) 유지하다, 유지시키다
- □ by ~옆에
- □ robber 강도

1 Even though it was getting dark now, the vodka kept him warm.
이제 비록 날은 저물고 있었지만, 보드카가 그를 따뜻하게 해 주었다.

2 He saw something white behind the church.
그는 교회 뒤에서 뭔가 하얀 것을 보았다.

3 "Robbers must have killed him and taken his clothes," Simon thought.
"강도들이 저 사람을 죽이고 옷을 빼앗아간 게 틀림없어."라고 세몬은 생각했다.

CHAPTER ONE Simon, a Shoemaker

> **One Point**
>
> I must hurry **or** they will catch me, too!
> 서둘러야 해. 그렇지 않으면 나도 붙잡힐 거야!
>
> 등위접속사 **or** : 명령문 뒤에 쓰인 or는 '그렇지 않으면'의 뜻.
>
> *ex.* Study hard, **or** you'll fail in the exam.
> 열심히 공부해라. 그렇지 않으면 시험에 떨어질 거야.

Simon hurried past the church. After a while, he looked back. 어찌할 바 모르고 갈팡질팡.

"What should I do?" thought Simon. "If I go back there, he might kill me for my clothes. Even if he doesn't attack me, what can I do for him?"¹ 도와줄 수 없을 바엔 그냥 가자.

So Simon ran down the road, out of sight. At the top of the next hill, he suddenly stopped.

"What am I doing?" Simon thought. "The man could be dying! I should be ashamed of myself!" Simon turned around and went back to the church.

그 사람이 죽어갈 수도 있는데!

- **hurry** 서둘러 가다
- **past** ~을 지나, 지나가서
- **after a while** 잠시 후
- **look back** 뒤돌아보다
- **out of sight** 안 보이는 곳에, 멀리 떨어진
- **hill** 언덕
- **be ashamed of** ~을 부끄러워하다
- **take off** 벗다
- **extra** 여분의
- **a pair of boots** 장화 한 켤레

1. Even if he doesn't attack me, what can I do for him?
   비록 그가 날 공격하지 않더라도, 내가 그를 위해 뭘 할 수 있단 말인가?
2. Simon took off his old jacket and put it around the young man's shoulders.
   세몬은 자신의 낡은 재킷을 벗어서 그 젊은이의 어깨에 둘러 주었다.
3. Simon also had an extra pair of boots, which he gave to the young man.
   또 세몬에게는 여벌의 부츠가 있어서, 그것을 그 젊은이에게 주었다.

CHAPTER ONE Simon, a Shoemaker

When Simon went behind the church, he saw a young man there. This young man was tall and healthy, but he looked afraid. He was very handsome, with a kind face. Suddenly, Simon liked the young man. Simon took off his old jacket and put it around the young man's shoulders.²

Simon also had an extra pair of boots, which he gave to the young man.³

"Can you walk?" asked Simon.

The man stood up and looked kindly at Simon, but he did not speak.

"Why don't you talk? Where are you from?" asked Simon.

The man replied with a calm and kind voice. "I'm not from around here,"[1] he said.

"I thought so," said Simon. "I know everyone in this area. How did you get here?"

"I cannot say," replied the man. "All I can say is that God is punishing me."[2]

- be from ~출신이다
- calm 평온한, 차분한
- area 지역
- get here 여기에 오다
- punish 벌을 주다
- rule 지배하다
- at least 최소한
- stranger 낯선 사람
- worry about ~에 대해 걱정하다
- smell ~의 냄새를 맡다
- bring 데려오다 (bring-brought-brought)
- drunk 술주정뱅이
- bar 술집
- disappointed 실망한

CHAPTER ONE Simon, a Shoemaker

"Of course," said Simon. "God rules all men. But if you have nowhere to go, come home with me and at least make yourself warm."³

As Simon walked home with the stranger, he worried about his wife. → 슬슬 아내 걱정이 되기 시작하는군.

Martha, Simon's wife, heard Simon come into the house.⁴ She smelled vodka and also noticed that Simon did not have a winter coat. → 술 냄새가 진동하는데다가 코트도 안 샀나봐.

"And who is this stranger he brought home?"⁵ Martha thought. "Another drunk he met in the bar?" → 거기에 낯선 사람까지 데려 왔으니. Martha was very disappointed.

Check Up

세몬이 발견한 젊은이에 대한 설명으로 옳은 것은?

a He can't speak.
b He is Simon's neighbor.
c He has a calm voice.

정답: c

1 I'm not from around here. 저는 이 지역 출신이 아닙니다.
2 All I can say is that God is punishing me.
   제가 말씀드릴 수 있는 건 하느님이 저에게 벌을 주고 계신다는 것뿐입니다.
3 But if you have nowhere to go, come home with me and at least make yourself warm.
   하지만 갈 곳이 아무데도 없으면, 나와 함께 우리 집으로 가서 최소한 몸이라도 녹이시게나.
4 Martha, Simon's wife, heard Simon come into the house.
   세몬의 아내인 마사는 세몬이 집안으로 들어오는 소리를 들었다.
5 And who is this stranger he brought home?
   게다가 그이가 집에 데려온 저 낯선 작자는 또 누구야?

"Martha," said Simon. "Let's have some supper if it is ready."

Martha became very angry. "You are late coming home, so the food is not ready. Not only are you late, but you don't have a coat. You spent all our money on vodka and you bring a strange man home. He doesn't even have clothes of his own! I have no supper for drunks like you!"¹

"That's enough, Martha," said Simon. He tried to explain himself, but she was too angry.

"I should never have married you,"² she said. "What are we going to do this winter without a coat? And all you can do is bring drunken strangers to eat what little food we have!"³

- **of one's own** ~자신의
- **explain oneself** 해명하다
- **what little food we have**
  우리가 가진 이 적은 음식 (여기서 what은 감탄사)
- **naked** 벌거벗은
- **come from** ~출신이다, ~에서 왔다 (= be from)
- **edge** 가장자리
- **bench** 긴 의자
- **lap** 무릎
- **look down** 내려다 보다
- **floor** 바닥
- **pitiful** 가엾은, 딱한

1 I have no supper for drunks like you! 당신 같은 주정뱅이들에게 줄 저녁은 없어요!

2 I should never have married you. 당신과 결혼하지 말았어야 했어요.
  → should have p.p. : ~했어야 했다

3 And all you can do is bring drunken strangers to eat what little food we have! 게다가 당신이 할 수 있는 일이라곤 술 취한 낯선 사람을 데려와 우리가 가진 얼마 안 되는 음식을 축내는 것뿐이라구요!

4 That's what I'm trying to tell you! 그게 내가 당신한테 말하려고 했던 거요!

CHAPTER ONE Simon, a Shoemaker

Then Martha looked at the stranger. She said, "If he were a good man, he would not be naked. And you would tell me where he came from!"

저 수상한 작자에 대해 얘기나 해 보슈.

"That's what I'm trying to tell you!"⁴ said Simon. He then told his wife how he met the young man.

As Martha listened to her husband, she looked at the young man. He sat on the edge of the bench without moving. His hands were in his lap, and he looked down at the floor. He looked very pitiful.

왠지 측은해 보이는걸.

One Point

Not only are you late, **but** you don't have a coat.
당신은 늦었을 뿐만 아니라 코트도 안 가지고 있군요.

not only A, but (also) B : A뿐만 아니라 B도

ex. **Not only** you **but also** she is responsible for the accident.
너뿐만 아니라 그녀도 그 사고에 책임이 있다.

After Simon told his story, he said, "Martha, don't you love God?"

When Martha heard these words, she had compassion for the stranger.[1] She went back into the kitchen and got some tea and bread. She put them in front of the stranger.

"Eat, if you want to," she said. As Martha looked at the young man eating, she did not feel angry anymore. She thought she could like this young man.

Suddenly, the stranger looked up and smiled. A light seemed to come from his face.[2]

"Thank you," he said.

- **compassion** 연민, 동정심
- **go back into** ~로 되돌아가다
- **look up** 고개를 들다, 쳐다보다
- **light** 빛, 빛줄기
- **stay** 머무르다, ~에서 지내다
- **skill** 기술

1. When Martha heard these words, she had compassion for the stranger.
    마사는 이 말을 듣고 그 낯선 사람이 가엾어졌다.
2. A light seemed to come from his face. 한 줄기 빛이 그의 얼굴에서 나오는 것 같았다.
3. The stranger stayed and learned how to make shoes from Simon.
    그 낯선 이는 머무르며 세몬에게서 구두 만드는 법을 배웠다.
4. Michael made shoes so well that many people came to Simon's shop.
    미하일은 신발을 아주 잘 만들어서 많은 사람들이 세몬의 가게로 모여들었다.

CHAPTER ONE Simon, a Shoemaker

The stranger stayed and learned how to make shoes from Simon.³ He learned quickly and had great skill. He only told them that his name was Michael.

Michael made shoes so well that many people came to Simon's shop.⁴ Soon Simon and Martha had enough money for food and clothes.

Check Up

본문의 내용과 일치하지 않는 것은?

a 마사의 분노는 이내 사그라들었다.
b 미하일은 솜씨 좋은 구두장이가 되었다.
c 세몬은 여전히 가난하지만 행복했다.

CHAPTER ONE
Comprehension Quiz

A 다음 설명이 본문의 내용에 맞으면 T, 틀리면 F에 표시하세요.

1. Simon and his wife had a lot of money. T F
2. The naked young man looked very angry. T F
3. Martha was very angry when she saw her husband bring a stranger home. T F
4. The young man, Michael, learned how to make shoes from Simon. T F
5. Michael became a fine shoemaker. T F

B 빈칸에 알맞은 동사를 보기에서 골라 과거시제로 바꾸어 문장을 완성하세요.

> spend   look   owe   leave

1. One day in the late fall, Simon _____ his house to buy a coat.
2. They _____ him five rubles for work he had done.
3. He _____ the twenty kopeks on vodka, and started walking home.
4. The young man was tall and heathy, but _____ afraid.

*A*nswers

A ❶ F ❷ F ❸ T ❹ T ❺ T
B ❶ left ❷ owed ❸ spent ❹ looked

C 다음 문장의 뒷부분을 앞뒤 문맥이 맞도록 연결하세요.

1. Michael was cold · · ⓐ because he was naked.
2. When Martha smelled vodka, she thought · · ⓑ after he felt ashamed.
3. Simon went back to the church · · ⓒ so he smiled at her.
4. Martha gave the stranger food · · ⓓ that Simon had spent all their money in a bar.

D 다음 질문에 알맞은 답을 고르세요.

1. Why didn't Simon help Michael when he first saw him?

   (a) Simon thought Michael was a robber.

   (b) Simon wanted to get home fast because he was cold.

   (c) Simon was afraid of being robbed.

2. Which is NOT one of the reasons Martha was angry with Simon when he came home?

   (a) She knew Simon had been drinking vodka because she could smell it.

   (b) Simon came home very late.

   (c) She thought Simon had a secret lover.

---

*A*nswers

C ❶ - ⓐ ❷ - ⓓ ❸ - ⓑ ❹ - ⓒ

D ❶ (c) ❷ (c)

Understanding the Story

인간 세상에 내려와 하느님이 내린 벌을 받고 있는 천사 미하일. 이 천사라는 존재에 대해 조금 더 알아볼까요?

Heavenly Creatures – The Angels 천상의 피조물 – **천사**

Michael, the angel who visits Simon and his wife in this story, is the strongest of all the angels. Long before God created mankind, He created angels. These creatures look like humans, but they have large white wings. They are usually clothed in white, shining robes. In fact, humans cannot look directly at an angel's face, because a bright light seems to come from their heads and bodies.

long before 아주 오래 전 /
look like ~처럼 보이다 /
in fact 사실

이 이야기에서 세몬과 그의 아내 집에 머물던 천사 미하일(미카엘)은 천사들 중에서도 가장 강한 천사입니다. 신이 인간을 창조하기 아주 오래 전, 신은 천사를 만들었습니다. 이 존재들은 사람과 비슷하게 생겼지만, 순백색의 커다란 날개를 달고 있습니다. 그들은 대부분 희고 밝게 빛나는 긴 옷을 입습니다. 사실, 인간은 천사의 얼굴을 똑바로 바라볼 수 없는데, 매우 밝은 빛이 그들의 몸과 머리에서 뿜어 나오는 듯 하기 때문이죠.

Angels are the servants of God. Their main job is to tell God's message to human beings. Angels tell people about God's love and try to help them. Their other job is to lead dead souls to heaven. If the person was good, the angel will visit them when they die and take their soul up to Heaven.

Sometimes, angels protect humans. They may save humans from serious accidents. That's why some people in dangerous situations pray to their 'guardian angel' for help.

servant 심부름꾼, 종 / **take A to B** A를 B로 데려가다 /
That's why 이것이 ~한 이유이다 / **pray for** ~을 위해 기도하다, 빌다

천사들은 신의 심부름꾼입니다. 그들이 주로 하는 일은 인간들에게 신의 메시지를 전하는 일입니다. 천사들은 사람들에게 신의 사랑을 이야기하고, 그들을 도우려고 합니다. 천사의 또 다른 임무는 죽은 사람의 영혼을 천국으로 인도하는 일이죠. 선한 사람이었다면 그 사람이 죽었을 때 천사가 방문하여 그들의 영혼을 천국으로 데리고 갑니다.

때때로 천사들은 인간들을 보호합니다. 그들은 인간을 큰 사고로부터 구하기도 하죠. 때문에 위험에 처한 사람들은 그들의 '수호 천사'에게 기도를 하는 것입니다.

Chapter Two

Angel of the Earth

RESPONSE NOTES

After one year, a rich gentleman came to Simon's shop. He asked, "Who is the master shoemaker here?"

"I am, sir," said Simon. "How can I help you?" → 이 가게 주인이 누구요?

The rich gentleman showed Simon a large piece of very fine leather.

"Do you know what kind of leather this is?"

"It's good leather, sir," said Simon.

CHAPTER TWO Angel of the Earth

The gentleman laughed. "It is the best, you fool. I want you to make me a pair of boots that will last for one year.¹ Can you do it?"

Simon was afraid. He looked at Michael and asked, "Should we take this work?"

Michael nodded his head. He seemed to be looking behind the rich gentleman, but no one was there.² Suddenly, Michael smiled again.

"What are you smiling at, you fool?" shouted the rich man. "You had better start working. I will come back in two days!"³

- **master** 주인, 우두머리, 장인
- **fine** 훌륭한, 멋진
- **leather** 가죽
- **last** 견디다, 상하지 않다
- **take** (일을) 맡다
- **nod** (머리를) 끄덕이다
- **had better** ~하는 게 좋다
- **come back** 돌아오다

1. I want you to make me a pair of boots that will last for one year.
   내가 일년 동안 신을 수 있는 부츠 한 켤레를 만들어 주었으면 해.
2. He seemed to be looking behind the rich gentleman, but no one was there.
   그는 그 부자 신사 뒤를 보고 있는 것 같았지만, 거기엔 아무도 없었다.
3. I will come back in two days! 이틀 후에 다시 올 테니까!

One Point

Do you know **what kind of leather this is**?
당신 이게 어떤 종류의 가죽인지나 알아?

간접의문문 : 간접의문문의 어순은 '의문사 + 주어 + 동사'이며 그 절 전체가 하나의 목적어.

ex. I asked him **how he solved the problem**. 나는 그에게 어떻게 그 문제를 풀었는지 물었다.

Michael worked on the gentleman's boots the next day. When Simon checked his work, he shouted in surprise.¹

"What have you done?" yelled Simon.² "These are slippers, not boots!"

Suddenly, there was a knock at the door. Simon opened it and saw the rich man's servant.

"The gentleman's wife has sent me about the boots," said the servant.³

Simon was afraid.

"My master does not need them," continued the servant. "He is dead. My lady wants you to make slippers for his funeral."⁴

Simon was amazed. Silently, Michael picked up the slippers he had made and gave them to the servant.⁵ The servant bowed, and said, "Thank you, master shoemaker."

□ **work on** ~일을 하다
□ **check** 조사하다, 점검하다
□ **in surprise** 놀라서
□ **yell** 소리치다
□ **knock** 노크 소리, 문 두드리는 소리
□ **send** 보내다(send-sent-sent)
□ **servant** 하인, 시종
□ **bow** 절하다

1 When Simon checked his work, he shouted in surprise.
  세몬이 그의 일을 점검하다 놀라서 외쳤다.

2 "What have you done?" yelled Simon. "자네 무슨 짓을 한 건가?" 세몬은 소리쳤다.

CHAPTER TWO  Angel of the Earth

Check Up

글의 내용으로 알 수 없는 것은?

a. 미하일은 부츠를 만들지 않았다.
b. 신사의 부인은 부츠 대신 슬리퍼를 원한다.
c. 미하일은 실수로 슬리퍼를 만들었다.

정답: ɔ

3 "The gentleman's wife has sent me about the boots," said the servant.
   "(어제 오신) 신사분의 부인께서 부츠 일로 저를 보내셨어요." 시종이 말했다.

4 My lady wants you to make slippers for his funeral.
   마님께서 나리의 장례식에 쓸 슬리퍼를 만들어 달라십니다.

5 Silently, Michael picked up the slippers he had made and gave them to the servant.
   미하일은 말 없이 그가 만든 슬리퍼를 집어 들어 그 하인에게 건넸다.

31

Michael had now lived with Simon for six years. One day, he stood looking out the window. Simon was curious. Michael had never before been interested in the outside world.¹

"Look," said Martha, "Here comes a woman with two daughters.² One of the daughters has a bad leg."

The woman came into the shoemaker's shop.

"Good day to you," said Simon. "What can we do for you?"

"I want leather shoes for these girls," said the woman.

"We can do that," said Simon. He noticed that Michael was looking at the girls very closely.

- □ **curious** 호기심 강한, 알고 싶어하는
- □ **outside** 바깥의
- □ **notice** 눈치채다, 알아차리다
- □ **closely** 자세히, 유심히
- □ **hurt** 다치다
- □ **be born** 태어나다
- □ **twin** 쌍둥이
- □ **give birth to** 〈아기를〉 낳다, ~을 낳다
- □ **roll** 구르다
- □ **on top of** ~위에
- □ **twist** 비틀다
- □ **since** ~때문에
- □ **unfortunately** 불행하게도
- □ **raise** 기르다

---

1 **Michael had never before been interested in the outside world.**
   미하일은 전에는 한 번도 바깥 세상에 관심을 갖지 않았었다.

2 **Here comes a woman with two daughters.** 저기 한 여인이 두 딸과 함께 오네요.

CHAPTER TWO Angel of the Earth

"How did this girl hurt her leg?" asked Simon. "Was she born that way?"[3]

"No," said the woman. "Her mother did that. I am not their real mother. These girls are the children of our neighbors. They are twins, born just about six years ago. Their father died one week before they were born. And their mother died right after she gave birth to them. As she died, she rolled on top of one of the girls and twisted the baby's leg.[4] Since I just had a baby of my own, I was able to feed them. Unfortunately, my baby died, but I raised these two girls. Now I love them like they were my own.[5]

3 "How did this girl hurt her leg?" asked Simon. "Was she born that way?"
"이 소녀는 어쩌다가 다리를 다쳤죠?" 세몬이 물었다. "태어날 때부터 그랬나요?"

4 As she died, she rolled on top of one of the girls and twisted the baby's leg.
그녀는 죽으면서, 이 애들 중 한 명 위로 굴러서 그 아기의 다리가 비틀렸어요.

5 Now I love them like they were my own. 이제 난 애들이 내 친자식인 양 사랑한답니다.

One Point

One of the daughters has a bad leg. 딸 아이 중 하나가 다리가 불편해요.
one of the + 복수명사 : ~ 중의 하나
ex. **One of my friends** got married yesterday. 내 친구 중 한 명이 어제 결혼했다.

Martha said, "It is true that one may live without a father or mother, but one cannot live without God."[1]

Suddenly, a bright light filled the room. Everyone looked at Michael, who was the source of this light.[2] He was smiling and looking up at the heavens.

갑자기 웬 광명이?

- □ fill 채우다, 가득차다
- □ source 근원
- □ heaven 하늘, 천국
- □ put down 내려놓다
- □ tool 연장, 도구
- □ take off 벗다
- □ apron 에이프런, 앞치마
- □ forgive 용서하다
  (forgive-forgave-forgiven)
- □ keep 붙들어 두다
- □ owe 의무가 있다
- □ explanation 설명
- □ disobey (명령을) 따르지 않다, 거역하다
- □ soul 영혼
- □ newborn 갓 태어난, 신생아
- □ beg 애원하다
- □ save 구하다, 살리다

1 It is true that one may live without a father or mother, but one cannot live without God.
사람은 아버지나 어머니 없이 살 수 있을지는 모르지만, 하느님 없이는 살 수 없다는 말이 맞아요.

2 Everyone looked at Michael, who was the source of this light.
모두가 미하일을 보았다. 그가 이 빛의 근원이었다.

CHAPTER TWO Angel of the Earth

Michael put down his tools and took off his apron. He bowed to Simon and Martha.

"God has forgiven me," he said. "I am sorry to leave you, but I must go now."

Simon said to Michael, "I can see now that you are not a common man, and I cannot keep you.[3] But please, tell me your story, if you can."

Michael smiled at Simon.

"I owe you an explanation at least.[4] You see, six years ago, God punished me because I disobeyed him. He sent me to take the soul of a woman. This woman was the mother of the twins who were just here. When I came to her house, I saw the two newborn babies. The mother begged me not to take her soul. So I flew back to Heaven and asked God to save her."

---

3   I can see now that you are not a common man, and I cannot keep you.
    당신이 보통 사람이 아니라는 걸 이제 알겠으니 당신을 붙잡을 수 없죠.

4   I owe you an explanation at least.
    적어도 당신께 설명은 해드려야지요.

One Point

The mother begged me **not to take** her soul.
그 어머니는 나에게 그녀의 영혼을 데려가지 말아 달라고 애원했어요.

to부정사의 부정 : 부정사를 부정할 때는 부정어(not, never)가 부정사의 앞에 위치한다.

ex. I promised **never to tell** a lie again. 난 다시는 거짓말을 하지 않기로 약속했다.

"God told me, 'Go back and take the mother's soul. Then you must learn three truths. First, learn what lives in man. Second, learn what is not given to man. Finally, learn what men live by.[1] When you have learned these things, you may return to heaven.'

CHAPTER TWO Angel of the Earth

So I flew back to the woman's cottage. I took her soul, and then I suddenly lost my wings! I fell to the earth. That is how you found me, Simon, naked and freezing behind the church.[2]

I was very lonely and afraid. I thought that you could not help me. But you came back and gave me your clothes! Then when I came home with you, I was afraid of Martha. She seemed very angry. But she pitied me and offered what little food you had. Then I smiled because I had learned the first of God's truths. Love lives in men."[3]

- truth 진리
- what men live by 사람이 무엇으로 사는가
- cottage 오두막
- freezing 어는, 꽁꽁 언
- lonely 외로운
- pity 불쌍히 여기다
- offer 제공하다, 주다

1. First, learn what lives in man. Second, learn what is not given to man. Finally, learn what men live by. 첫 번째, 인간의 마음속에 무엇이 사는지를 깨달아라. 두 번째, 인간에게 무엇이 주어지지 않는지를 깨달아라. 마지막으로, 인간은 무엇으로 사는지를 깨달아라.

2. That is how you found me, Simon, naked and freezing behind the church. 그렇게 해서 세몬, 당신이 제가 교회 뒤에서 벌거벗은 채 꽁꽁 얼어 있는 것을 발견한 거예요.

3. Then I smiled because I had learned the first of God's truths. Love lives in men. 그때 난 하느님의 진리 중 첫 번째를 알았기 때문에 미소지었죠. 인간의 마음속에는 사랑이 깃들어 있어요.

Then after a year, the rich gentleman visited us. I saw the angel of death behind him. The man was about to die, yet he wanted boots that would last for a year.[1] Then I realized that men are not given the knowledge to know what they need.[2] I smiled then, because I had learned the second truth.

Just now, I learned the third truth when that woman arrived. She loved these children, even though they were not hers. I could see that God lived in her. Then I understood that men live by love.[3] So I smiled for the third time."

Michael seemed to grow taller. A bright light shone from his whole body. Simon and Martha could not look directly at him. Wings grew from his body. Michael's voice grew stronger and loud.

- **be about to** 막 ~하려고 하다
- **realize** 깨닫다, 눈치채다
- **knowledge** 인식, 지식
- **grow+비교급** 점점 ~해지다
- **directly** 똑바로, 곧바로
- **roof** 지붕, 천정
- **a ray of light** 한 줄기 광명
- **spread** 펴다 (spread-spread-spread)

1 The man was about to die, yet he wanted boots that would last for a year.
그 사람은 곧 죽을 거였지만, 일년 동안 신을 부츠를 원했죠.

2 Then I realized that men are not given the knowledge to know what they need.
그때 난 인간들은 그들에게 무엇이 필요한지 아는 힘은 (하느님께) 받지 못했다는 걸 깨달았어요.

CHAPTER TWO Angel of the Earth

> 인간은 오로지 사랑으로 사는 거야.

"I now understand that men live by love alone. He who has love is with God, and God is in him, for God is love."[4]

Then the roof of the shop opened and a ray of light fell down from heaven. Michael spread his wings and flew up into the light. Simon and Martha covered their eyes and fell to the ground. When Simon opened his eyes again, the roof was closed. There was no one in the shop but he and his wife.[5]

> 미하일이 천국으로 돌아가는구나.

3 Then I understood that men live by love. 그때 난 인간은 사랑으로 산다는 것을 알았어요.
4 He who has love is with God, and God is in him, for God is love.
   사랑을 가진 자는 하느님과 함께 있고, 하느님은 그 안에 있어요. 왜냐하면 하느님은 사랑이니까요.
5 There was no one in the shop but he and his wife.
   가게 안에는 그와 그의 아내 말고는 아무도 없었다.

Chapter Two — Comprehension Quiz

A 다음 어휘를 의미가 비슷한 것끼리 짝지으세요.

1. ashamed
2. calm
3. kind
4. frustrated
5. afraid
6. pity

ⓐ relaxed
ⓑ gentle
ⓒ disappointed
ⓓ embarrassed
ⓔ sympathy
ⓕ scared

B 빈칸에 알맞은 말을 보기에서 찾아 문장을 완성하세요.

> out of   inside   behind   outside   from

1. The angel of death was _____ the rich gentleman.
2. Michael stood before the window looking _____.
3. The woman with the twins came _____ the shop.
4. Wings grew _____ Michael's shoulders.
5. A light came down _____ heaven.

*A*nswers

A   ❶ - ⓓ   ❷ - ⓐ   ❸ - ⓑ   ❹ - ⓒ   ❺ - ⓕ   ❻ - ⓔ
B   ❶ behind   ❷ outside   ❸ inside   ❹ out of   ❺ from

C 다음의 세 가지 진리를 미하일이 깨달은 순서대로 나열하세요.

❶ Love lives in men.

❷ Men live by love.

❸ Men are not given the knowledge of what they need.

_____ ⇨ _____ ⇨ _____

D 다음 질문에 알맞은 답을 고르세요.

❶ How did Michael learn the final truth?

(a) He met a rich gentleman who ordered an expensive pair of boots.

(b) He heard a story about a woman who loved her adopted children.

(c) Simon told him a story about love.

❷ What was NOT something that happened each time Michael learned a truth?

(a) His face became brighter.

(b) He smiled.

(c) His wings grew a little longer.

---

*A*nswers

C ❶ ⇨ ❸ ⇨ ❷

D ❶ (b) ❷ (c)

Ivan, the Fool

바보 이반

Before You Read

〈바보 이반〉의 등장인물들이 여러분께 자기 소개를 합니다. 반갑게 맞아 주세요.

Ivan 이반

My name is Ivan, and I am a farmer in Russia. People say I'm a fool, but I don't care. I just work hard every day to make enough food for my family.

내 이름은 이반, 러시아의 농부입니다. 사람들은 나더러 바보라고 하지만 난 신경쓰지 않는답니다. 그저 매일 우리 가족을 위해 충분한 양식거리 만드는 일을 열심히 할 뿐이죠.

care 신경쓰다, 관심을 가지다

Simon 세몬

My name is Simon, and I was the greatest soldier in all of Russia! My armies won many battles! But the Devil tricked me when I fought against India.

내 이름은 세몬, 러시아를 통틀어 가장 위대한 군인이었소! 나의 군대는 수많은 전투에서 승리를 거두었지! 하지만 인도와 교전할 때 큰 도깨비가 날 속였어.

battle 교전, 전투 / **trick** 속이다 / **against** ~에 대항해, 맞서

Tarras 타라스

I am Tarras, Russia's wealthiest merchant! Well, at least I was rich until the Devil competed against me in business. But now I live in Ivan's house.

난 타라스, 러시아의 최고 갑부 상인이야! 글쎄, 적어도 큰 도깨비가 나를 상대로 장사 경쟁을 하기 전까지는 부자였지. 하지만 지금은 이반네 집에서 살아.

merchant 상인 / **at least** 적어도, 어쨌든 / **compete** 겨루다, 경쟁하다

The Devil 큰 도깨비

I am the Devil, and I enjoy making people greedy for gold and other worldly pleasures! But I could not make Ivan want anything! Ivan is too simple for me! He makes me crazy!

난 큰 도깨비다. 난 사람들이 황금이나 그 밖의 세속적인 쾌락을 탐하게 만드는 것을 즐기지! 그런데 이반은 뭘 원하게 만들 수가 없었어! 이반은 내가 감당하기에는 너무 소박해! 그 녀석 때문에 미치겠다고!

enjoy -ing ~하기를 즐기다 / greedy 욕심 많은 / worldly 속세의
pleasure 즐거움, 쾌락 / simple 소박한 / crazy 미친, 화난

The little Devils 꼬마 도깨비들

We are the devil brothers and we do everything the Devil tells us. We have fun ruining people's lives! Simon and Tarras were no match for us! But Ivan is too stubborn and simple! He caught each one of us and made us give him something. When the Devil finds us, he will punish us!

우리는 도깨비 형제. 큰 도깨비 님이 시키는 일은 뭐든지 하지요. 우린 사람들 인생을 망치는 게 재밌어 죽겠어요! 세몬과 타라스 따윈 우리한테 상대가 안 되죠! 하지만 이반은 너무 완고하고 소박해요. 그는 우릴 하나씩 붙잡아서 우리가 그에게 뭔가를 주게 만들었죠. 큰 도깨비 님이 우릴 찾아내면 벌을 내리실 거예요!

ruin 파멸시키다 / match 호적수, 상대 / stubborn 고집센 /
punish 벌주다

CHAPTER ONE

The Devils' Plans

RESPONSE NOTES

세몬은 군인, 타라스는 사업가, 이반은 농부가 되었어.

O nce there lived a Russian farmer who had three sons: Simon, Tarras and Ivan.[1] Simon became a soldier, and Tarras became a businessman. Ivan stayed on the farm and worked hard for his family.

Simon was very successful. The Russian king, called 'Czar,' gave him a large farm.[2] However, his wife spent all their money and more. Simon had to go to his father.

무일푼이 되어서 아버지에게 쪼르르~

- □ **Russian** 러시아의
- □ **businessman** 사업가
- □ **successful** 성공한, 명성을 얻은
- □ **called** ~라고 불리우는 (call:부르다)
- □ **however** 그러나
- □ **spend** (돈을) 쓰다 (spend-spent-spent)

1 Once there lived a Russian farmer who had three sons: Simon, Tarras and Ivan.
  옛날에 세몬, 타라스, 이반이라는 세 아들을 둔 러시아 농부가 살았다.
  → who 이하는 farmer를 수식하는 관계대명사절.

2 The Russian king, called 'Czar,' gave him a large farm.
  '짜르'라고 하는 러시아의 왕은 그에게 큰 농장을 하사했다.

3 It would not be fair to Ivan and his sister. 그건 이반과 그의 누이에게 공평한 일이 못 돼.

CHAPTER ONE The Devils' Plans

"Dear Father," said Simon, "I am one of your sons. Give me my share."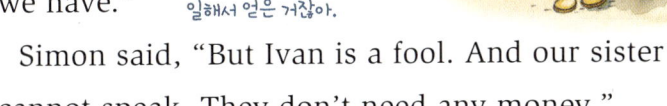

But the father replied, "It would not be fair to Ivan and his sister.[3] They have worked hard for what we have."

Simon said, "But Ivan is a fool. And our sister cannot speak. They don't need any money."

The father replied, "Ask Ivan. See what he thinks."

Ivan's reply was: "Well, let him take his share."

Check Up

Simon thought that Ivan didn't need any money because _____.

a. he was a fool
b. he was a dumb

- **share** 몫
- **reply** 대답하다; 대답
- **would** ~일 것이다
- **fair** 공평한, 공정한, 온당한
- **fool** 바보, 어리석은 사람
- **let + 목적어 + 동사원형** …가 ~하게 해주다

One Point

See **what** he thinks. 그의 생각을 알아보거라.

what : ~하는 것 → 관계대명사 what이 이끄는 절은 문장 속에서 명사 역할을 한다.

ex. **What** is beautiful is not always good. 아름다운 것이 반드시 좋은 것은 아니다.

Soon, the other brother, Tarras, came home.

He said to his father, "Simon took his share. What about me?"

Again, the father refused, saying, "You, like Simon, have not worked on our farm."¹

Tarras then spoke to Ivan. "Give me half of your grain and only one horse."

Ivan said, "Fine. Take what is your fair share."²

Tarras took what he asked for and left.

□ **What about...?** ~은 어떻게 되죠?
□ **refuse** 거절하다, 거부하다
□ **like** ~처럼, ~와 마찬가지로
□ **half of** ~의 반, 1/2
□ **grain** 곡물, 곡식
□ **ask for** ~을 요구하다
□ **leave** 떠나다 (leave-left-left)
□ **devil** 마귀, 도깨비, 악마 (the Devil 마왕, 사탄)
□ **disappointed** 실망한
□ **argue** 논쟁하다, 말다툼하다
□ **each other** 서로
□ **master** 주인, 두목
□ **fail in** ~에 실패하다
□ **go back to** ~로 돌아가다

1 You, like Simon, have not worked on our farm.
  세몬과 마찬가지로, 너도 농장에서 일하지 않았어.

2 Fine. Take what is your fair share. 좋아요. 형님의 온당한 몫을 받아가세요.

CHAPTER ONE The Devils' Plans

The Devil was disappointed to hear about Ivan and his brothers.³ He wanted people to argue. So the Devil called three young devils to him.

"I want you to make Ivan and his brothers fight with each other," said the Devil. "Can you make them do this?"

"Yes, master," they said. "We will make each brother fail in his work.⁴ Then they will all go back to their father's farm and argue."

일에 실패하면 한자리에 모여 아옹다옹할 거야.

3 The Devil was disappointed to hear about Ivan and his brothers.
   큰 도깨비는 이반과 그의 형제들에 관한 얘기를 듣고 실망했다.
4 We will make each brother fail in his work.
   저희는 형제가 각각 자기 일에 실패하도록 만들겠습니다.

One Point

I want you to **make** Ivan and his brothers **fight** with each other.
너희들이 이반과 그의 형제들이 서로 싸우도록 해봐라.

make + 목적어 + 동사원형 : ~하게 만들다 → 사역의 의미로 목적보어로 동사원형이 온다.
ex. She **makes** me **feel** happy. 그녀는 나를 행복하게 만든다.

The little devils agreed that they would each ruin one brother. Whoever finished first would then help the others.¹

One month later, the first gave his report. "I have succeeded in my mission," said the devil proudly. "Tomorrow, Simon returns to his father. The first thing I did was to blow some courage into Simon's heart.² Simon then went to the Czar and told him he would conquer India.³ The Czar made him Chief General and sent him to war. Then, I flew to the ruler of India. I showed him how to make many soldiers from straw. These soldiers killed many Russians.

- ruin 몰락시키다, 파멸시키다
- whoever 누구든지, 어떤 사람이든지
- give one's report 보고하다
- succeed in ~에 성공하다
- mission 임무, 사명
- proudly 자랑스럽게, 뽐내며
- blow 불어넣다, (입김을) 내뿜다
- courage 용기
- conquer 정복하다, 공략하다
- Chief General 대장군 (general: 장군)
- ruler 통치자, 지배자
- how to ~하는 방법
- straw 짚, 밀짚
- prison 감옥
- execute 사형시키다, 처형하다
- escape 탈출하다, 도망치다

1 Whoever finished first would then help the others.
누구든지 먼저 끝내는 사람이 그 다음 나머지를 돕기로 했다.

2 The first thing I did was to blow some courage into Simon's heart.
내가 맨 먼저 한 일은 세몬의 마음속에 용기를 불어넣는 것이었어.

3 Simon then went to the Czar and told him he would conquer India.
그러자 세몬은 황제에게 가서 인도를 정복하겠다고 말했지.

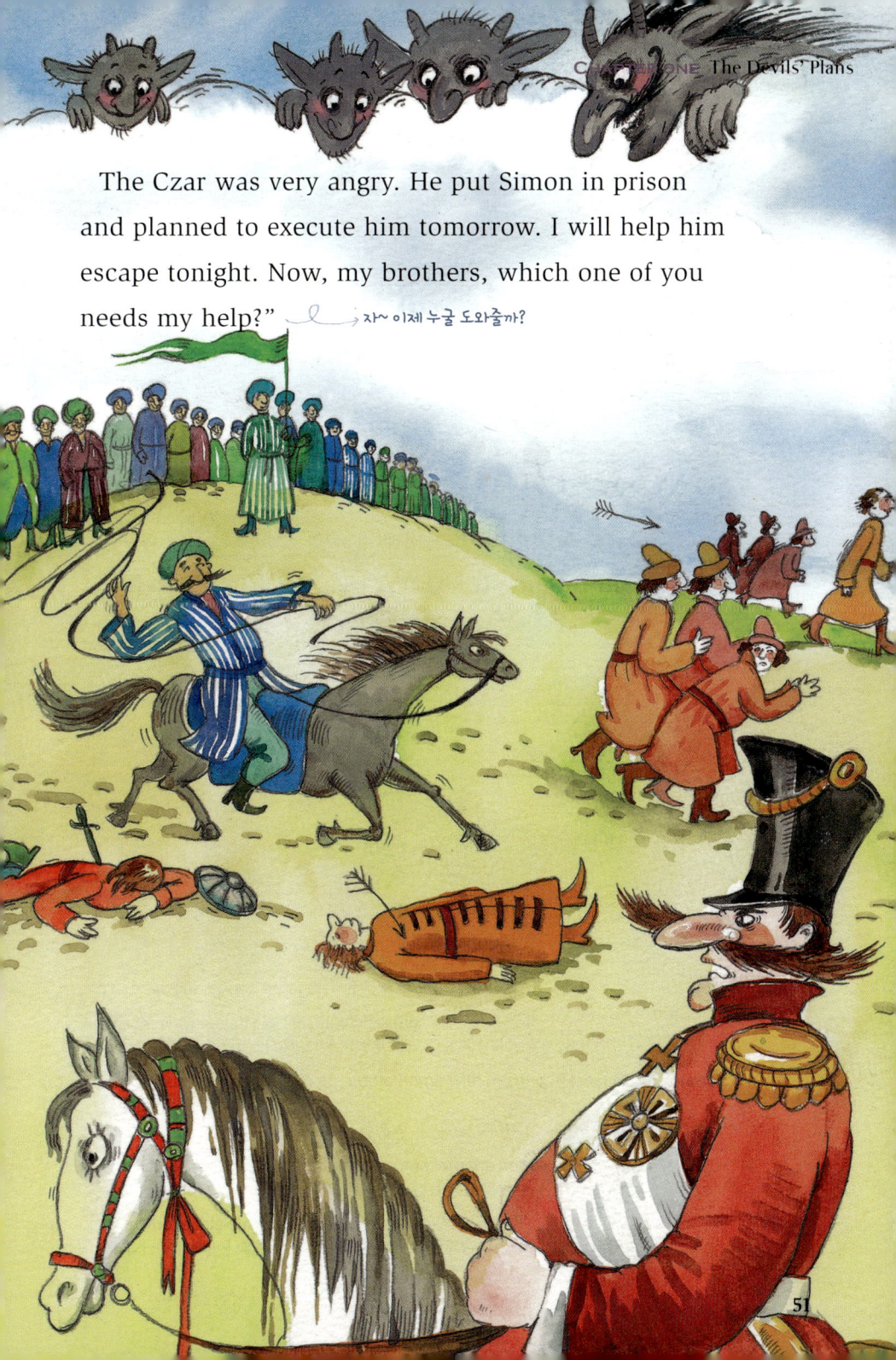

CHAPTER ONE The Devils' Plans

The Czar was very angry. He put Simon in prison and planned to execute him tomorrow. I will help him escape tonight. Now, my brothers, which one of you needs my help?"

자~ 이제 누굴 도와줄까?

"Not me," said the second devil. "My work with Tarras will be finished next week. I made him greedier.¹ He bought everything and spent all his money! Soon he will lose everything and return to his father."

The third devil looked embarrassed. "My work is not going so well,"² he said. "I spat in Ivan's morning tea to give him a terrible stomachache. Still he got up to plant seeds in his field.

- **greedier** 〈greedy의 비교급〉 더 탐욕스러운
- **embarrassed** 당황한, 무안한, 난처한
- **go well** (일이) 잘 되다
- **spit** (침을) 뱉다 (spit-spat-spat)
- **stomachache** 복통
- **still** 그럼에도 불구하고, 그래도
- **plant** (식물을) 심다, (씨를) 뿌리다
- **seed** 씨, 씨앗
- **plow** 갈다, 경작하다; 쟁기
- **give up** 포기하다
- **grab** 움켜잡다, 쥐다
- **blade** 칼날
- **sigh** 한숨 쉬다
- **stop ... from -ing** …가 ~하는 것을 막다

1 **I made him greedier.** 난 그를 더 탐욕스럽게 만들었지.
2 **My work is not going so well.** 내 일은 그다지 잘 되어가고 있지 않아.

CHAPTER ONE The Devils' Plans

   Then I made the ground very hard. This made it very difficult for Ivan to plow the field. I thought he would give up, but he continued. So I went into the earth and grabbed the blade of the plow with my hands.³ But he pushed very hard, so my fingers were cut!" The third devil sighed. "Come, my brothers, and help me when you are finished. We must stop Ivan from making enough food for his family."⁴

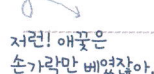
저런! 애꿎은
손가락만 베였잖아.

3 **So I went into the earth and grabbed the blade of the plow with my hands.**
   그래서 난 땅 속으로 들어가서 양손으로 쟁기 날을 움켜잡았어.

4 **We must stop Ivan from making enough food for his family.**
   우린 이반이 그의 가족을 위해 넉넉한 양식을 마련하는 걸 막아야 해.

> **One Point**
>
> **This made it very difficult for Ivan to plow the field.**
> 이것은 이반이 밭 가는 것을 아주 힘들게 만들었지.
>
> **가목적어 it** : 문장 안에서 목적어가 너무 길 때 it을 쓰고 진짜 목적어는 문장의 뒤로 옮긴다.
> *ex.* I found **it** difficult to work all day long. 나는 하루 종일 일하는 것이 어렵다는 걸 깨달았다.

The next day, Ivan returned to his field to finish the plowing. He still had a terrible stomachache. But Ivan was a strong man, and he was used to working every day.

Ivan tried to pick up his plow that he left in the ground last night. It would not move. In fact, the third devil was in the ground holding it.[1] The devil's legs were wrapped around the plow.

Ivan put his hand in the ground. He felt something soft.[2] With his great strength, he pulled it out. It seemed to be an ugly animal.

- □ **be used to -ing** ~에 익숙하다
- □ **leave** ~을 …한 상태로 두다
- □ **pick up** 집어들다
- □ **would not** ~하려고 하지 않다
- □ **in fact** 사실은, 사실상
- □ **hold** 붙잡다 (hold-held-held)
- □ **with one's strength** 힘을 줘서, 힘을 다해
- □ **pull out** ~을 뽑다, 잡아당기다
- □ **disgusted** 메스꺼운, 정떨어진
- □ **whatever** 무엇이든
- □ **lower** 낮추다, 내리다
- □ **scratch** 긁다
- □ **pain** 아픔, 통증
- □ **cure** 치료하다, 고치다
- □ **release** 놓아주다
- □ **medicine** 약

1 In fact, the third devil was in the ground holding it.
사실, 세 번째 도깨비가 땅 속에 들어 앉아 그것을 붙잡고 있었다.

2 He felt something soft. 그는 뭔가 푹신한 것이 만져졌다.

CHAPTER ONE The Devils' Plans

Ivan was disgusted. He raised his hand to hit the devil against the blade of the plow.³

"Do not kill me!" cried the devil. "I will give you whatever you want!"⁴

Ivan lowered his arm and scratched his head.

He said, "There is a terrible pain in my stomach. Can you cure it?"

"Of course!" said the devil. "Release me, and I will find some medicine for you."

Check Up

Ivan scratched his head.를 다른 말로 바꾸면?

- a Ivan had a bad memory.
- b Ivan's head was itchy.
- c Ivan thought and thought.

정답: b

3 **Ivan raised his hand to hit the devil against the blade of the plow.**
이반은 쟁기 날로 그 도깨비를 치려고 손을 들어올렸다.

4 **I will give you whatever you want!** 당신이 원하는 건 뭐든지 드릴게요!

The little creature looked around and picked up some roots. He gave these to Ivan and said, "Eat these. They will cure any illness you may have."[1]

Ivan ate some of the root. The pain in his stomach went away.

"Very well," said Ivan. "You may go, and God bless you."

Devils hate hearing God's name.[2] The devil immediately disappeared. All that remained was a small hole in the ground.[3]

- **creature** 생물, 동물
- **go away** 사라지다
- **God bless you.** 신의 가호가 있길.
- **hate** (몹시) 싫어하다
- **immediately** 즉시, 곧, 즉각
- **disappear** 사라지다
- **remain** 남다, 남아있다
- **smell** ~한 냄새가 나다; 냄새
- **stand** 참다, 견디다
- **porch** 현관

1 **They will cure any illness you may have.**
그것들은 당신이 가지고 있을지 모르는 그 어떤 병도 낫게 해 줄 거예요.

2 **Devils hate hearing God's name.** 도깨비들은 신의 이름을 듣는 걸 몹시 싫어한다.

3 **All that remained was a small hole in the ground.**
남은 것이라곤 땅 속의 작은 구멍뿐이었다. → All that remained: 남아 있는 모든 것

CHAPTER ONE The Devils' Plans

That evening, Ivan saw his brother Simon and his wife sitting at the dinner table.⁴

Simon said, "Hello, Ivan. I have lost everything and have returned home. Will you care for us until I can find some work?"⁵

"Very well," said Ivan. "You can stay with us."

As Ivan sat down, Simon's wife said to her husband, "I cannot eat with a dirty farmer who smells bad."⁶

Simon said to Ivan, "My wife cannot stand your smell. You may eat on the porch."

"Very well," said Ivan.

Check Up

The devil gave Ivan _____ to cure his illness.

a. some pain
b. roots
c. sand

---

4 That evening, Ivan saw his brother Simon and his wife sitting at the dinner table.
   그 날 저녁, 이반은 형 세몬과 그의 아내가 저녁식탁에 앉아 있는 것을 보았다.

5 Will you care for us until I can find some work?
   내가 일을 찾을 때까지 우리를 돌봐 주겠니?

6 I cannot eat with a dirty farmer who smells bad.
   난 나쁜 냄새가 나는 더러운 농부와 함께 식사할 수 없어요.

| CHAPTER ONE | Comprehension Quiz |

A 다음 중 이반, 세몬, 타라스와 관련된 어휘의 번호를 쓰세요.

> ⓐ stomachache ⓑ soldier ⓒ courage ⓓ generous
> ⓔ farmer ⓕ greedy ⓖ defeat ⓗ businessman

Simon   **Ivan**   **Tarras**

❶ _____   ❷ _____   ❸ _____

B 다음 중 본문의 내용과 맞으면 T, 틀리면 F에 표시하세요.

❶ Ivan is simple, but tough and hard-working.   T F
❷ The devil made Tarras greedier.   T F
❸ Ivan's father wants to divide his farm between his three sons.   T F
❹ Simon defeated India.   T F

*A*nswers
A ❶ⓑⓒⓖ ❷ⓐⓓⓔ ❸ⓕⓗ
B ❶ T ❷ T ❸ F ❹ F

C 다음 질문에 알맞은 답을 고르세요.

① Why did Simon want a share of his father's farm?

(a) He was very greedy.

(b) His wife spent all his money.

(c) He needed money to raise an army.

② What things did Tarras take for his share of the farm?

(a) Half of Ivan's.

(b) Half the cows and half the horses.

(c) One horse and half the grain.

D 각 문장을 보기와 같이 과거완료 시제(had +과거분사)로 바꾸세요.

> Ivan *left* his plow standing in the ground.
> ⇨ Ivan *had left* his plow standing in the ground.

① Simon didn't work on the farm.

⇨ _____

② The Devil was disappointed to hear about Ivan.

⇨ _____

③ The pain in his stomach went away.

⇨ _____

Answers

C ① (b) ② (c)

D ① Simon hadn't worked on the farm.
② The Devil had been disappointed to hear about Ivan.
③ The pain in his stomach had gone away.

Understanding the Story

〈바보 이반〉에는 도깨비들이 사람들에게 술수를 부립니다. 이들의 존재에 대해 조금 더 알아볼까요?

Another Angels —
The Devils 또 다른 천사 – **도깨비들**

The Devil tried to ruin Ivan's life by making him and his people greedy for gold. In Christian mythology, this behavior is typical for the Devil.

The most common story about the Devil says that a long time ago, he was God's strongest angel. His original name was Lucifer.

Lucifer decided that he was stronger and better than God. He convinced many other angels to join him in his fight against God. However, God and his loyal angels were stronger, and

---

mythology 신화 / **behavior** 행동, 태도 /
typical 전형적인, 상징적인 /
common 보편적인, 일반적인 / **original** 원래의, 원형의 /
convince 설득하다 / **join** 참여하다 / **loyal** 충성스러운 /
disloyal 신의 없는, 불충한 / **appearance** 겉모습, 생김새 /
beast 짐승 / **pitchfork** 갈퀴, (건초용) 포크

Lucifer lost the battle. God threw Lucifer and the disloyal angels out of Heaven. They fell down to Hell. This is why Lucifer and the angels who followed him are called 'fallen angels.' When they were thrown out of Heaven, God changed their appearance. They became like beasts.

Devils are usually pictured with a pitchfork. Devils use their pitchforks to gather human souls after people have died.

So if you lead a bad life, you might see the Devil when you die!

큰 도깨비는 이반과 이반의 사람들이 금에 욕심을 부리게 만들어 이반의 인생을 망치려고 했습니다. 기독교적 설화를 보면 이런 행동은 사탄들에게 전형적인 것이죠.

사탄에 대한 가장 일반적인 이야기에 따르면, 사탄은 아주 오래전 하느님의 최고 천사였다고 합니다. 그의 원래 이름은 루시퍼였죠.

루시퍼는 자신이 하느님보다 강하고 훌륭하다고 판단했습니다. 그는 다른 천사들에게 하느님에 대항한 자신의 싸움에 동참할 것을 설득했죠. 하지만 하느님과 그의 충성스러운 천사들은 더 강력했고 루시퍼는 전투에서 패했습니다. 하느님은 루시퍼와 불충한 천사들을 천국에서 추방해 버립니다. 그들은 지옥으로 떨어진 것이죠. 이것이 루시퍼와 그를 따른 천사들을 '타락천사'라 부르는 이유입니다. 그들이 천국에서 쫓겨날 때 하느님은 그들의 겉모습을 바꿔버렸습니다. 짐승처럼 변한 것이죠.

사탄들은 으레 세 가닥 갈퀴를 가지고 있는 모습으로 묘사됩니다. 사람들이 죽으면 그 갈퀴로 그들의 영혼을 끌어 모으는 것입니다.

그러니까 만약 당신이 인생을 나쁘게 살면 죽을 때 악마를 만나게 될지도 모르는 거죠!

CHAPTER TWO

Ivan vs. the Devils

RESPONSE NOTES

약속대로
막내 도깨비를
도와주러 갔네~.

After finishing his mission, the first devil went to Ivan's farm.¹ However, he could not find his brother.

"Something must have happened to my brother. I will have to stop Ivan myself," said the first devil, seeing the small hole in the ground.

- **happen** 일어나다, 발생하다
- **flood** 범람시키다, 물에 잠기게 하다
- **meadow** 목초지, 초원
- **hide** 숨다 (hide-hid-hidden)
- **sickle** 낫
- **swing** 휘두르다 (swing-swang-swung)
- **bury** 묻다, 파묻다
- **tip** 끝
- **with effort** 애써 (effort: 노력)
- **cut off** 베어내다, 잘라내다

CHAPTER TWO Ivan vs. the Devils

The little devil flooded the meadow with water. *이반을 방해하려는 꿍꿍이로 초원을 물에 잠기게 했어.*

Ivan tried to cut the grass, but it was very difficult. Soon he became tired. He said to himself, "I will come back here and will not leave until I have cut all the grass."[2] → *이반의 고집도 어지간하군.*

The small devil hid in the grass and Ivan soon returned. As Ivan swung a sickle down, the devil buried the tip of the blade in the earth.[3] With great effort, Ivan pulled the blade free. The devil jumped out of the way, but Ivan cut off part of his tail.[4] *겨우 못 움직이게 해놨더니….*

---

1. **After finishing his mission, the first devil went to Ivan's farm.**
   자기 임무를 완수한 후 첫 번째 도깨비는 이반의 농장으로 갔다.
2. **I will come back here and will not leave until I have cut all the grass.**
   다시 돌아와서 풀을 모두 벨 때까지 떠나지 않을 거야.
3. **As Ivan swung a sickle down, the devil buried the tip of the blade in the earth.**
   이반이 낫을 아래로 휘두르자, 도깨비는 날 끝을 땅 속에 묻었다.
4. **The devil jumped out of the way, but Ivan cut off part of his tail.**
   그 도깨비는 (칼날을) 피해서 펄쩍 뛰었지만 이반은 그의 꼬리 일부를 잘랐다.

One Point

Something must have happened to my brother.
내 형제에게 무슨 일이 일어난 것이 틀림없어.

---

must have + p.p. : ~했음이 틀림없다 → 과거에 완료된 일에 대한 강한 확신을 표현

ex. She **must have come** back home. 그녀는 집에 돌아와 있었을 게 틀림없어.

For the rest of the day, the devil tried to stop Ivan. But Ivan finally finished his work.

"Now I will start to plant the oats," said Ivan.

The devil thought, "I will certainly stop him tomorrow!"

When the devil woke up, he saw that Ivan had planted the oats during the night!

"He does not even sleep!" the devil said to himself. "I must think ahead. Ivan will soon need hay. So I will make his hay rotten before he comes to the barn."[1]

After wetting the hay to make it go bad, the devil fell asleep.

The next day, Ivan came to the barn with a long pitchfork to pick up the hay. He stuck the pitchfork into the hay and felt it hit something solid.[2] At the same time, there was a strange cry.

- the rest 나머지
- oat 귀리
- certainly 틀림없이
- think ahead 앞서 생각하다
- hay 건초
- rotten 썩은, 부패한
- barn 헛간, 광
- go bad 상하다
- fall asleep 잠들다
- pitchfork 갈퀴 (= fork)
- stick 찌르다, 찔러 넣다, 꽂다 (stick-stuck-stuck)
- solid 단단한
- at the same time 동시에

1 So I will make his hay rotten before he comes to the barn.
   그러니 난 그가 헛간에 오기 전에 건초를 썩게 만들어야지.

2 He stuck the pitchfork into the hay and felt it hit something solid.
   그는 갈퀴를 건초 속에 찔러 넣었고, 그것(갈퀴)이 뭐가 단단한 것에 부딪히는 느낌이 들었다.

3 There was a little devil stuck in the forks! 작은 도깨비가 갈퀴에 꽂혀 있었다!

CHAPTER TWO. Ivan vs. the Devils

There was a little devil stuck in the fork!³
Ivan shouted, "You said you would go away!"
"I am another one," said the devil. "You met my brother before."

> One Point

When the devil woke up, he saw that Ivan **had planted** the oats during the night! 도깨비가 잠에서 깼을 때, 그는 이반이 밤새 귀리를 심었다는 걸 알았다!

had + p.p. : 과거완료 → 과거에 이미 완료된 동작을 표현.

ex. My brother **had finished** the work when I came home.
내 동생은 내가 집에 왔을 때 이미 그 일을 끝내 놓았다.

"I do not care who you are. I will kill you anyway," said Ivan.

"Please don't!" cried the devil. "I can make you soldiers from straw!"¹

짚으로 병사를 만든다고?!

→ 병사는 뭐에 쓰는데?

"What are soldiers good for?" asked Ivan.

"They can do almost anything for you," replied the devil.

"Then show me how to make them," Ivan said.

The little devil rubbed straw together and said some magic words.² Soon there were many soldiers marching around the barn.³

저 많은 병사들이 먹을 음식을 생각해 봐~ 없는 게 낫지.

"Now let me go," said the devil.

"Wait," said Ivan. "Many soldiers need a lot of food. How do I turn them back to straw?"

- **care** 상관하다, 신경 쓰다
- **be good for** ~에 알맞다, 유익하다
- **almost** 거의, 대부분
- **rub** 비비다, 문지르다
- **magic word** 주문 (magic: 마법의)
- **march** 행진하다
- **turn A back to B** A를 B로 되돌아가게 하다
- **may** ~해도 된다(허가)

1 I can make you soldiers from straw! 전 당신에게 짚으로 병사를 만들어 드릴 수 있어요!

2 The little devil rubbed straw together and said some magic words.
그 작은 도깨비는 짚을 서로 비비고 주문을 외웠다.

3 Soon there were many soldiers marching around the barn.
곧 많은 병사들이 헛간 주위를 행진하고 있었다.

4 Just say the words: 'So many soldiers, so much straw.'
그냥 이 말만 하세요. '병사의 수만큼 짚이 되어라'

CHAPTER TWO Ivan vs. the Devils

"Just say the words: 'So many soldiers, so much straw.'⁴ Then they will disappear," said the devil.

"Fine," said Ivan. "You may go, and God bless you."

As soon as Ivan said 'God', the little devil disappeared into the ground. All that was left was a small hole.

→ 결국 첫째 도깨비도 구멍 하나 남기고 사라지네.

One Point

As soon as Ivan said 'God', the little devil disappeared into the ground. 이반이 '신'이라는 말을 하자마자, 그 작은 도깨비는 땅 속으로 사라졌다.

as soon as : ~하자마자

ex. I'll ask him **as soon as** he comes back. 그가 돌아오자마자 그에게 물어볼 거야.

Ivan returned home and was surprised to see his brother Tarras and his wife. Tarras seemed embarrassed because he had lost all his money.

CHAPTER TWO Ivan vs. the Devils

"Hello, Ivan," he said. "May we stay here until I can start a new business?"[1]

Ivan agreed. "Yes, you are welcome to stay here as long as you want."[2] → 이반은 맘이 너무 좋아 탈이라니깐….

Then Ivan sat down to eat. But Tarras's wife made a bad face. "I cannot eat with such a smelly farmer,"[3] she said.

Tarras said, "Ivan, my wife cannot eat with you. Go to the porch and eat by yourself."

"Alright," said Ivan. "I have to feed the horses soon anyway."[4]

Check Up

Why did Tarras come back home?

a. Because he failed in his business.
b. Because he wanted to get his share.
c. Because he missed his family a lot.

- be welcome to 마음대로 ~하다
- as long as ~하는 만큼 오래
- make a face 표정을 짓다
- smelly 냄새나는
- by oneself 혼자서
- feed 먹이(먹을 것)을 주다

1 May we stay here until I can start a new business?
  새로운 사업을 시작할 수 있을 때까지 우리가 여기 머물러도 되겠니?

2 Yes, you are welcome to stay here as long as you want.
  그러세요. 원하는 만큼 여기서 지내셔도 좋아요.

3 I cannot eat with such a smelly farmer. 난 저런 냄새 나는 농부와 함께 식사할 수 없어요.

4 I have to feed the horses soon anyway. 어차피 곧 말들에게 먹이도 줘야 하니까요.

The devil who ruined Tarras came to Ivan's farm. He looked around for his brothers, but did not see them. All he saw were two holes in the ground.

Later that day, Ivan went into the forest to cut down some trees. He was going to build two houses, one for each brother.¹ The little devil made the trees hard. Ivan could normally cut down fifty trees in one day. The wood was so hard that he could only cut down ten. He sat down, very tired.

- **look around for** ~을 찾아 주위를 둘러보다
- **forest** 숲
- **cut down** (나무를) 베어 넘어뜨리다
- **normally** 보통은
- **from high up** 높은 곳에서
- **branch** 나뭇가지
- **mighty** 강력한, 힘센
- **swing** 휘두름
- **axe** 도끼
- **blow** 강타, 일격

1. He was going to build two houses, one for each brother.
   그는 두 채의 집을 지어서, 각 형제에게 하나씩 줄 예정이었다.
2. Ivan is too tired to continue. 이반은 너무 피곤해서 계속할 수 없었다.
3. With a mighty swing of his axe, Ivan hit the tree.
   이반은 힘차게 도끼를 휘둘러서 그 나무를 쳤다.
4. Before the devil could escape, the tree was cut in one blow.
   그 도깨비가 도망칠 새도 없이 한 방에 나무가 베여 나갔다.

CHAPTER TWO Ivan vs. the Devils

The little devil was watching Ivan from high up in a tree.

"Ivan is too tired to continue.² If the brothers have to live in one house, they will argue."

형제들이 한 집에서 살다간 분명 싸움이 날 거라니까.

The little devil began to dance for joy in the branches. He did not see Ivan stand up. With a mighty swing of his axe, Ivan hit the tree.³ Before the devil could escape, the tree was cut in one blow.⁴ The little devil fell down and Ivan found it.

One Point

The wood was so hard that he could only cut down ten.
나무가 너무 단단해서, 그는 겨우 열 그루만 벨 수 있었다.

so ~ that ... can(cannot) : 너무 ~해서 ...할 수 있다(없다)

ex.   I was **so** busy **that** I **couldn't** get in touch with you.
너무 바빠서 연락을 드릴 수가 없었어요.

"What's this?" Ivan cried. "I thought you went away!"

"I am another one!" 그건 내가 아니라니까요.

"Well," said Ivan. "It doesn't matter. I will kill you with my axe."

"Please, do not kill me," cried the devil. "I can create gold for you."

뭐? 금을 만들어 줄 수 있다고?!

"Show me how," said Ivan.

The devil told Ivan to gather leaves from a special oak tree.¹ He showed Ivan how to rub the leaves in his hands.² When the devil said some magic words, the leaves changed to gold coins!³

이걸 보면 아이들이 얼마나 신기해할까!

"This is a great trick," said Ivan. "The village children will really like this."

- **It doesn't matter.** 상관없다.
- **create** 만들다, 창조하다
- **oak tree** 떡갈나무
- **gold coin** 금화 (coin: 동전)
- **trick** 요술, 묘기
- **beg** 빌다, 간청하다
- **blessing** 축복
- **at the mention of** ~을 말하자 (mention: 언급)
- **earth** 땅, 흙

1 The devil told Ivan to gather leaves from a special oak tree.
도깨비는 이반에게 어느 특별한 떡갈나무의 잎을 모으라고 말했다.

2 He showed Ivan how to rub the leaves in his hands.
그는 손에 있는 나뭇잎들을 어떻게 비비는지 이반에게 보여 주었다.

3 When the devil said some magic words, the leaves changed to gold coins!
도깨비가 주문을 몇 마디 외우자, 나뭇잎들은 금화로 변했다!

CHAPTER TWO Ivan vs. the Devils

"Now please let me go," begged the devil.

"With God's blessing, you may go," said Ivan.

At the mention of the name of God, the devil disappeared into the earth. → '신'이라는 말만 나오면 바람처럼 사라지는군.

📘 Check Up

I'm another one!에서 one이 가리키는 것은?

- a. Ivan's brother
- b. devil
- c. soldier

Ivan soon finished building the houses for his brothers to move into. When he completed his field work, he planned a big feast. He asked his brothers to come to a party, but they refused. Ivan had a party anyway, and invited all the villagers. He decided to entertain them.

Ivan told the village girls to sing songs for him. He said he would pay them well.¹ The girls sang and then asked him for some reward.

"I'll show you soon."

Ivan went into the forest while the girls laughed at him.

Soon Ivan came back with a large bag. He pulled out many gold coins from the bag and threw them into the air.²

- **complete** 끝마치다, 완수하다
- **feast** 잔치, 연회
- **villager** 마을 사람
- **decide to** ~하기로 결심하다
- **entertain** 즐겁게 하다
- **reward** 보답, 보수
- **laugh at** ~을 비웃다
- **into the air** 공중으로
- **amazed** 매우 놀란

1 **He said he would pay them well.** 그는 그들에게 보수를 두둑히 줄 것이라고 말했다.
2 **He pulled out many gold coins from the bag and threw them into the air.** 그는 자루에서 많은 금화를 꺼내어 공중으로 던졌다.
3 **Now it was Ivan's turn to laugh at them.** 이제는 이반이 그들을 비웃을 차례였다.

CHAPTER TWO Ivan vs. the Devils

The villagers were very surprised. Then they started fighting for the coins on the ground. Now it was Ivan's turn to laugh at them.[3]

Still laughing, he told the children he would make some soldiers sing for them. He went into the barn and came out with many soldiers. These soldiers sang songs in beautiful voices. All the people were amazed.

> 줍는 사람이 임자, 금화 챙깁시다!

> 이번엔 병사들의 노래를 들어 볼까?

> 쏟아지는 금화와 병사들의 노래라니… 놀랠 만도 하지.

One Point

Still laughing, he told the children he would make some soldiers sing for them. 여전히 웃으면서, 그는 아이들에게 병사들이 노래를 불러 주게 하겠다고 말했다.
분사구문 : 분사구문은 주어, 동사를 꼭꼭 써가며 말하는 게 번거로울 때 쓴다. 여기서는 '~하면서'라는 뜻.

ex. **Singing and dancing together**, we had a lot of fun.
노래하고 춤추면서 우리는 아주 즐거운 시간을 가졌다.

CHAPTER TWO
Comprehension Quiz

A 각각의 농기구와 그 주된 쓰임을 짝지으세요.

1. plow · · ⓐ cut trees
2. axe · · ⓑ pick up hay
3. pitchfork · · ⓒ break and turn over earth
4. sickle · · ⓓ cut grass

B 이반이 만난 도깨비들과 각각의 행동을 짝지으세요.

1. the first devil · · ⓐ Flooded Ivan's meadow
Showed Ivan how to make soldiers

2. the second devil · · ⓑ Gave Ivan a stomachache
Gave Ivan some medicine roots

3. the third devil · · ⓒ Made the trees hard
Showed Ivan how to make gold coins

*A*nswers

A ❶ - ⓒ ❷ - ⓐ ❸ - ⓑ ❹ - ⓓ
B ❶ - ⓐ ❷ - ⓒ ❸ - ⓑ

C 보기에서 알맞은 접속사를 골라 다음 문장을 완성하세요.

| when | but | before | if | after |

❶ _____ finishing his mission, the first devil went to Ivan's farm to help his brother.

❷ Ivan tried to cut the grass, _____ it was very difficult.

❸ _____ the devil woke up, he saw that Ivan had planted the oats during the night!

❹ _____ the brothers have to live in one house, they will argue.

❺ _____ the devil could escape, he was caught in the branches.

D 내용의 전개에 맞게 다음 문장을 다시 배열하세요.

❶ Tarras and his wife came to Ivan's house to stay.

❷ The second devil danced for joy in the branches.

❸ The first devil flooded the meadow with water.

❹ Ivan invited all the villagers to a party.

❺ Ivan built the houses for his brothers.

_____ ⇨ _____ ⇨ _____ ⇨ _____ ⇨ _____

Answers

C ❶ After ❷ but ❸ When ❹ If ❺ Before

D ❸ ⇨ ❶ ⇨ ❷ ⇨ ❺ ⇨ ❹

CHAPTER THREE

Ivan, the Leader

RESPONSE NOTES

The next morning, Simon was knocking on Ivan's door.

"Brother, tell me where the soldiers came from," Simon asked.[1]

"I will show you," said Ivan. He took Simon into the barn and made some soldiers from straw.

"This is amazing!" said Simon. "With soldiers like these, I can defeat any kingdom!"[2]

소문을 듣고 달려온 세몬.

이렇게 병사를 만들 수 있으면 전쟁은 식은 죽 먹기!

- □ **knock on** ~을 두드리다, 노크하다
- □ **show** 보여주다
- □ **take** 데리고 가다
- □ **amazing** 놀랄 만한, 굉장한
- □ **defeat** 쳐부수다, 패배시키다
- □ **kingdom** 왕국

---

1 **"Brother, tell me where the soldiers came from," Simon asked.**
"동생아, 그 병사들이 어디에서 나왔는지 말 좀 해다오." 세몬이 부탁했다.

2 **With soldiers like these, I can defeat any kingdom!**
이런 병사들이 있으면, 난 어떤 왕국도 쳐부술 수 있어!

CHAPTER THREE Ivan, the Leader

Ivan was greatly surprised.

"You should have asked me before. But you must promise to take them away from here.³ We do not have enough food to feed them."

Simon promised, and Ivan made him a huge army.

Finally, Simon cried, "Enough, enough. Thank you, Ivan!"

Ivan replied, "It was no trouble. If you want more, just come back."

Then Simon left with his army to attack nearby kingdoms.⁴

- **take A away from B**
  A를 B로부터 멀리 데려가다
- **huge** 거대한
- **It is no trouble.** 어렵지 않다, 문제없다
- **attack** 공격하다
- **nearby** 근처의

3 **But you must promise to take them away from here.**
하지만 그들을 여기서 멀리 데려가겠다고 약속해 주세요.

4 **Then Simon left with his army to attack nearby kingdoms.**
그리고 나서 세몬은 인근 왕국들을 공격하기 위해 군대를 이끌고 떠났다.

As soon as Simon left, Tarras came to Ivan's house.[1]

"Dear brother," said Tarras. "Tell me where you got your gold. If I had some money, I could become a successful trader."

Ivan was very surprised. "You should have told me this before. Just follow me."

Ivan made a big pile of gold, and asked Tarras if it was enough.[2]

"Thank you, Ivan," said Tarras. "It will be enough for now."[3]

Ivan replied, "If you want more, come back. It is no trouble at all."

Tarras took his gold and went away to start his business.

□ **trader** 상인, 무역업자
□ **follow** 따르다, 따라가다
□ **a pile of** ~더미 (pile: 쌓아 올린 더미)
□ **for now** 당분간

1 **As soon as Simon left, Tarras came to Ivan's house.**
세몬이 떠나자마자, 타라스가 이반의 집으로 왔다.

2 **Ivan made a big pile of gold, and asked Tarras if it was enough.**
이반은 거대한 황금 더미를 만들어 내고는 그것이 충분한지 타라스에게 물었다.

3 **It will be enough for now.** 당분간은 이걸로 충분할 거야.

CHAPTER THREE Ivan, the Leader

> **One Point**
>
> **If I had** some money, **I could become** a successful trader.
> 돈이 좀 있다면, 난 성공한 상인이 될 수 있을 텐데.
>
> **가정법 과거** : 현재의 사실과 반대되는 가정을 나타낸다. → 'If + 주어 + 동사의 과거형 ~, 주어 + 조동사의 과거형 + 동사원형 …' 의 형태.
>
> *ex.* **If I were** a teacher, **I could teach** you well.
> 내가 만약 선생님이라면 너를 잘 가르칠 수 있을 텐데.

This is how Simon became the ruler of a nearby kingdom and Tarras became a wealthy trader.[1] However, the brothers were not satisfied.

"I do not have enough money to care for my soldiers,"[2] said Simon.

"And I do not have enough soldiers to guard my money," said Tarras.

"Let's go back to Ivan," said Simon.

But Ivan refused. "Simon, I did not know your soldiers would kill so many people.[3] And Tarras, you have purchased all the cows in my village. The people cannot eat gold, so they have no food. I regret helping you before."

The brothers left Ivan, and made new plans.

"If I give you some soldiers, then you can give me some money," said Simon. Tarras agreed, and both the brothers became leaders.

☐ **ruler** 지도자, 우두머리
☐ **wealthy** 부유한
☐ **satisfied** 만족한
☐ **guard** 지키다, 보호하다
☐ **purchase** 사다, 구입하다
☐ **regret** 후회하다
☐ **make plans** 계획을 세우다
☐ **leader** 지도자
☐ **meanwhile** 그 사이에
☐ **popular** 인기 있는, 유명한
☐ **talent** 재능
☐ **nature** 인간성
☐ **choose** 선택하다 (choose-chose-chosen)

CHAPTER THREE Ivan, the Leader

Meanwhile, Ivan became popular because of his talents and good nature.[4] The people in his kingdom chose him as their ruler. → 바보 이반이 출세했네!

---

1. This is how Simon became the ruler of a nearby kingdom and Tarras became a wealthy trader. 이렇게 해서 세몬은 근처 어느 왕국의 통치자가 되었고, 타라스는 부유한 상인이 되었다. → This is how...: 이렇게 해서 ~이다.

2. I do not have enough money to care for my soldiers.
   난 내 병사들을 돌볼 충분한 돈이 없어.

3. I did not know your soldiers would kill so many people.
   형님의 병사들이 그렇게 많은 사람들을 죽일지는 몰랐어요.

4. Meanwhile, Ivan became popular because of his talents and good nature.
   그 사이에 이반은 그의 재능과 착한 성품으로 인기가 높아졌다.

The old Devil never heard from his little devils, so he came up to look around.[1] He saw that the three brothers were successful and happy. This made him very angry. He decided he would have to ruin the brothers himself.

He first went to Simon disguised as a great general.[2] He showed Simon how to make his army more powerful.[3] Then the Devil told Simon that he could defeat India.

Soon Simon's armies were marching against India again.

But he didn't know that the Devil had given the king of India a flying machine.[4] This machine dropped bombs on Simon's armies. Simon could do nothing about it, and he lost the war. All of Simon's soldiers died, and Simon had to run away, again.

☐ **hear from** ~로부터 소식을 듣다
☐ **disguised as** ~로 변장한
☐ **powerful** 강력한
☐ **against** ~에 맞서, ~을 상대하여
☐ **flying machine** 비행기
☐ **drop** 떨어뜨리다
☐ **bomb** 폭탄
☐ **lose** (싸움에서) 지다, 잃다
☐ **run away** 도망가다

CHAPTER THREE Ivan, the Leader

1. The old Devil never heard from his little devils, so he came up to look around.
   늙은 큰 도깨비는 꼬마 도깨비들로부터 전혀 소식을 듣지 못해서, 자기가 살펴보려고 올라왔다.

2. He first went to Simon disguised as a great general.
   우선 그는 위대한 장군으로 변장해서 세몬에게 갔다.

3. He showed Simon how to make his army more powerful.
   그는 세몬에게 그의 군대를 더욱 강력하게 만드는 방법을 알려 주었다.

4. But he didn't know that the Devil had given the king of India a flying machine.
   하지만 그는 큰 도깨비가 인도의 왕에게 비행기를 주었다는 사실을 몰랐다.

- **pretend to** ~인 체하다
- **merchant** 상인
- **goods** 상품
- **at first** 처음에는
- **tax** 세금
- **increase** 늘리다, 증가시키다
- **offer** 제공 가격
- **pay** (값을) 치르다, 지불하다
- **starve** 굶주리다
- **flee** 달아나다, 도망치다 (flee-fled-fled)

CHAPTER THREE Ivan, the Leader

Next, the Devil went to Tarras's kingdom. He pretended to be a very rich merchant. He bought everything at high prices.[1] Soon all the people wanted to sell their goods to the Devil. At first, Tarras was happy because he made money from the taxes. But when Tarras tried to buy something, he couldn't.[2] All the merchants wanted to make more money selling to the Devil. Tarras increased his offers, but the Devil did the same.[3]

Soon, the only business people did with Tarras was to pay him taxes.[4] Tarras soon had piles of gold, but he could not even buy food. Starving, Tarras fled his kingdom.

 Check Up

본문의 내용과 일치하지 않는 것은?

a 큰 도깨비는 상인으로 변장했다.
b 타라스는 큰 도깨비과 결투했다.
c 타라스는 음식조차 살 수 없게 되었다.

q : 昌o

1 **He bought everything at high prices.** 그는 높은 가격에 모든 것을 사들였다.

2 **But when Tarras tried to buy something, he couldn't.**
하지만 타라스가 무엇을 사려고 할 때, 그는 그럴 수 없었다.

3 **Tarras increased his offers, but the Devil did the same.**
타라스는 더 높은 가격을 제시했지만, 큰 도깨비도 똑같이 했다.

4 **Soon, the only business people did with Tarras was to pay him taxes.**
이내 사람들이 타라스와 하는 유일한 거래는 그에게 세금을 내는 것뿐이었다.

The Devil visited Ivan's kingdom next. He saw that the people there worked hard, but did not have much gold. They worked just enough to live.¹

The Devil appeared before Ivan, looking like a general.²

"Ivan, you should have an army," said the Devil. "I will make your people into a powerful army."

"Very well," said Ivan. "But you must teach them to sing and dance also."

The Devil suggested the young men join the army. He promised them vodka and nice uniforms.³

But the young men just laughed.

"We have enough vodka," they said. "And we don't need uniforms."

- appear 나타나다
- before ~ 앞에
- look like ~처럼 보이다
- suggest 제안하다
- vodka 보드카 (러시아의 술)
- uniform 군복

1 **They worked just enough to live.** 그들은 살아가기에 충분할 정도로만 일했다.
2 **The Devil appeared before Ivan, looking like a general.**
   큰 도깨비는 장군의 모습을 하고 이반 앞에 나타났다.
3 **He promised them vodka and nice uniforms.**
   그는 그들에게 보드카와 멋진 군복을 주겠다고 약속했다.

CHAPTER THREE Ivan, the Leader

"If you do not join the army, you will be punished with death,"[4] said the Devil.

"If we become soldiers, we will die fighting anyway,"[5] replied the young men.

"Soldiers may or may not be killed,"[6] said the Devil angrily. "But if you do not join, you will certainly be killed!" → 이젠 아주 협박을 하네.

The young men went to Ivan.

"A general said you would kill us if we did not join your army," they said. → 정말로 군인이 되지 않으면 우릴 죽일 건가요?

Ivan laughed. "If you do not want to join the army, then don't."

□ **punish** 벌하다, 처벌하다
□ **death** 죽음
□ **may** (추측) ~일지도 모른다
□ **be killed** 죽다, 죽임을 당하다

4 If you do not join the army, you will be punished with death.
   자네들이 군대에 들어가지 않는다면, 죽음으로 처벌받을 걸세.

5 If we become soldiers, we will die fighting anyway.
   병사가 되어도, 우린 결국 싸우다 죽게 될 거예요. → 여기서 if는 '설사 ~할지라도'라는 뜻.

6 Soldiers may or may not be killed. 병사는 죽을 수도 있고 죽지 않을 수도 있어.

The old Devil became furious. He became friends with the king of a nearby country called Tarkania.¹ The Devil told this king that Ivan's land would be easy to take.² The Tarkanian king decided to attack.

But when the soldiers arrived in Ivan's kingdom, nobody fought them.³ Instead, Ivan's people offered them food and drinks.

The soldiers told their king, "We will not fight for you anymore. The people here are very friendly and peaceful. We want to live with them."

The Tarkanian king could do nothing. He returned to his kingdom alone.

The old Devil was even more upset. Everything he tried against Ivan failed.⁴

□ furious 분노한, 격노한
□ become friends with ~와 친구가 되다
□ take 점령하다, 빼앗다
□ attack 공격하다
□ offer 제공하다
□ food and drinks 먹을 것과 마실 것, 음식
□ friendly 친절한, 정다운
□ peaceful 온화한, 평화로운
□ return 돌아가다
□ upset 당황한, 화가 난

CHAPTER THREE Ivan, the Leader

📘 Check Up

The Devil was very angry because he couldn't _____ Ivan.

- a ruin
- b kill
- c join

정답 : b

1. He became friends with the king of a nearby country called Tarkania.
   그는 근처의 '타르카니아'라고 하는 나라의 왕과 친구가 되었다.

2. The Devil told this king that Ivan's land would be easy to take.
   큰 도깨비는 이 왕에게 이반의 영토는 빼앗기 쉬울 거라고 말했다.

3. But When the soldiers arrived in Ivan's kingdom, nobody fought them.
   하지만 병사들이 이반의 왕국에 도착했을 때, 아무도 그들과 싸우지 않았다.

4. Everything he tried against Ivan failed.
   그가 이반에게 맞서 시도한 모든 것은 실패로 돌아갔다.

The Devil decided to try one more time. He disguised himself as a nobleman. He came to Ivan and said, "I want to teach you wisdom."

"Very well," said Ivan. "You may live with us."

The next day, the Devil appeared in the village.

"Listen to me, common people," said the Devil. "Build me a house and I will pay you gold."[1]

The people were amazed to see shiny gold coins.[2] They started to build a house for the Devil. The farmers traded food for gold.

농부들이 금과 양식을 바꿨어.

- disguise oneself as ~로 변장하다
- nobleman 귀족
- wisdom 지혜
- common people 평민, 서민
- shiny 빛나는
- trade A for B A를 B와 바꾸다
- jewelry 보석
- deal with ~와 거래하다
- confused 혼란스러운
- wound 상처 입히다

1 Build me a house and I will pay you gold.
  내게 집을 지어주면 당신들에게 금으로 대가를 치르겠소.

2 The people were amazed to see shiny gold coins.
  사람들은 반짝이는 금화를 보고 감탄했다.

CHAPTER THREE Ivan, the Leader

The people used the gold to make jewelry for the women and toys for the children.³ However, they soon had all the gold they wanted. Suddenly, the people stopped dealing with the nobleman. 원하는 만큼 가졌으니 더 이상은 필요 없어.

The Devil was confused. He went to many houses, offering gold for food. 금 말고 다른 걸로 바꾸자니까요.

"If you offer us something else, we would trade," they said. "Or if you ask us to help you in Christ's name, we would give you something."⁴ 차라리 도와 달라고 하세요.

But the Devil only had gold and just hearing Christ's name wounded him.

3 The people used the gold to make jewelry for the women and toys for the children. 사람들은 여자들에게 줄 보석과 아이들에게 줄 장난감을 만들기 위해 금을 사용했다.

4 Or if you ask us to help you in Christ's name, we would give you something. 아니면 당신이 그리스도의 이름으로 우리에게 도와달라고 부탁하면, 당신에게 뭔가를 주겠소.

One Point

But the Devil only had gold and just **hearing** Christ's name wounded him.
하지만 큰 도깨비에게는 황금밖에 없었고 그리스도의 이름을 듣는 것만으로도 상처를 입었다.

동명사 : 동사 뒤에 -ing를 붙여 명사 역할을 하는 것이다 → 여기서 hearing은 주어.

ex. **Learning** English is difficult but interesting. 영어 공부는 어렵지만 재미있다.

Finally, the Devil went to Ivan's house. He was starving. Ivan invited the Devil for supper. Ivan's sister served the food. But in Ivan's kingdom, people with rough, dark, hard-working hands were served first.[1] Those with soft, white hands were not served at all. These people had to wait for any food that was left.[2]

Of course, the nobleman's hands were soft and white, with long fingernails. When Ivan's sister saw them, she pushed the Devil away.[3]

Ivan said, "Do not be offended. This is our law."

- □ **rough** 거친, 험한
- □ **hard-working** 열심히 일하는
- □ **wait for** ~을 기다리다
- □ **serve** (음식을) 내다, 대접하다
- □ **fingernail** 손톱
- □ **push away** 밀어 제치다
- □ **be offended** 화나다, 마음이 상하다
- □ **law** 법, 법률
- □ **impressed** 감명 받은
- □ **climb** 올라가다
- □ **tower** 탑
- □ **folk** 사람들

1 But in Ivan's kingdom, people with rough, dark, hard-working hands were served first.
하지만 이반의 나라에서는, 거칠고, 검고, 열심히 일하는 손을 가진 사람들이 먼저 음식을 받았다.

2 These people had to wait for any food that was left.
이런 사람들은 남은 음식을 기다려야 했다.

3 When Ivan's sister saw them, she pushed the Devil away.
이반의 여동생은 그 손을 보자, 큰 도깨비를 밀쳤다. → them은 the nobleman's hands를 가리킴.

CHAPTER THREE Ivan, the Leader

"Do you think people only work with their hands?" asked the nobleman angrily. "You are a fool. Much hard work is done by people who use their heads."[4]

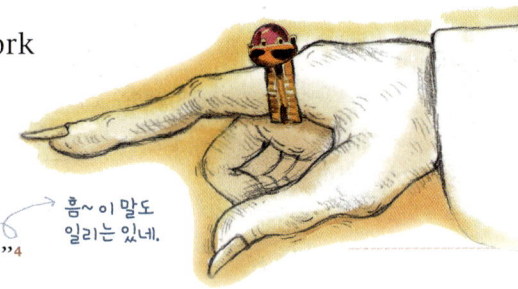

흠~ 이 말도 일리는 있네.

Ivan was very impressed. The Devil told Ivan that he would teach Ivan's people how to work with their heads.

자네 백성들에게 머리 쓰는 방법을 가르쳐 주지.

The next day, the Devil climbed a tall tower and spoke to the people. Many common folk had come to hear him speak. But they did not understand him. They waited to see him do work with his head, but all he did was talk.[5]

머리로 일하는 건 언제 보여 주는 거지?

Check Up

Why did the devil climb the tower?

a To see the landscape.

b To teach how to work with your head.

c To beg for food.

4 Much hard work is done by people who use their heads.
   많은 어려운 일이 머리를 쓰는 사람들에 의해 이루어진다네.

5 They waited to see him do work with his head, but all he did was talk.
   그들은 그가 머리로 일하는 걸 보려고 기다렸지만, 그가 한 것은 말뿐이었다.

Finally, the Devil was so weak from hunger that he fell.[1] As he fell, a rope caught around his leg. The Devil's body swung from side to side. His head bumped against the wall of the tower.[2]

People said, "Finally! The nobleman is doing work with his head!"

Ivan saw the Devil and said, "Well, that is a hard way to do work. It's better to make your hands rough than bump your head."[3]

- hunger 배고픔
- rope 밧줄
- catch 걸리다 (catch-caught-caught)
- swing 흔들리다 (swing-swung-swung)
- from side to side 좌우로
- bumped against ~에 부딪치다, 충돌하다
- at that moment 그 순간
- break 부러지다, 끊어지다
- fall down 떨어지다 (fall-fell-fallen)
- be given 받다

1 Finally, the Devil was so weak from hunger that he fell.
마침내 큰 도깨비는 굶주림으로 너무 약해져서 쓰러졌다.

2 His head bumped against the wall of the tower. 그의 머리는 탑의 벽에 부딪혔다.

3 It's better to make your hands rough than bump your head.
머리를 부딪치기보다는 손을 거칠게 하는 게(→ 쓰는 게) 낫겠어요.

4 There is one law that never changes in Ivan's kingdom.
이반의 왕국에는 결코 바뀌지 않는 법이 하나 있다.

CHAPTER THREE Ivan, the Leader

At that moment, the rope broke and the Devil fell down. Ivan ran to the nobleman, but saw a large Devil lying on the ground.

"In the name of our Lord, what is this?" said Ivan.

The Devil disappeared, leaving a small hole in the ground.

Ivan still lives and many people come to his kingdom. There is one law that never changes in Ivan's kingdom.⁴ Men who have rough, hard-working hands are always given food.

One Point

Men who have rough, hard-working hands are always given food. 거칠고 열심히 일하는 손을 가진 사람들은 항상 음식을 받는다.

관계대명사 **who** : 선행사가 사람일 때 who가 쓰여 앞의 선행사를 수식.

ex. I know the boy **who** is singing on the stage.
나는 무대 위에서 노래하고 있는 소년을 안다.

CHAPTER THREE *Comprehension Quiz*

 다음 중 뜻이 유사한 동사들끼리 짝지으세요.

① destroy · · ⓐ hurt
② flee · · ⓑ run away
③ disguise · · ⓒ exchange
④ trade · · ⓓ ruin
⑤ wound · · ⓔ hide

B 내용의 전개에 맞게 다음 문장을 다시 배열하세요.

① The Devil tried to teach Ivan's people how to work with their heads.
② The Devil tried to make Ivan's people greedy by giving them gold.
③ The Devil told the Tarkanian king he could take Ivan's country.
④ The Devil told young men in Ivan's country to join the army.

_____ ⇨ _____ ⇨ _____ ⇨ _____

---

*A*nswers

A   ① - ⓓ   ② - ⓑ   ③ - ⓔ   ④ - ⓒ   ⑤ - ⓐ
B   ④ ⇨ ③ ⇨ ② ⇨ ①

권말 부록

독해 길잡이 | 리스닝 길잡이

권말부록 ❶
독해 길잡이

영문 독해력 향상을 위한
영어의 **직독직해 훈련**

영문의 의미를 정확하게 파악하면서도 빠르게 읽기 위해서는 영문을 어순 그대로, 처음부터 눈으로 따라가면서 해석해야 합니다. 말이 쉽지 잘 안 되신다고요? 슬래시(/)만 있으면 어려울 게 없답니다.

직독직해는 '문장 쪼개기'에서 시작

영어의 문장은 '의미의 덩어리(하나의 의미를 가진 어구)'로 이루어져 있습니다.
각 의미 덩어리들을 슬래시(/)로 쪼개어 각각의 의미를 파악해 봅시다.

He knew / that she told a lie / at the party. //
그는 알았다 / 그녀가 거짓말했다는 것을 / 파티에서 //
➡ 그는 그녀가 파티에서 거짓말한 것을 알았다.

As she was walking / in the garden, / she smelled / something wet. //
그녀는 걸으면서 / 정원에서 / 그녀는 냄새 맡았다 / 젖은 뭔가를 //
➡ 그녀는 정원에서 걷다가 뭔가 축축한 냄새를 맡았다.

한 문장을 몇 개로 쪼갤 것인가?

어디에 슬래시를 넣어 하나의 의미단위를 삼는가 하는 것은 개인마다 차이가 있지만, 일반적으로 '주어 + 동사' 다음, and, but 등의 접속사 앞, that, who 등의 관계사 앞, 부사구 등의 앞뒤에서 끊게 됩니다.

초보자의 경우에는 한 문장 안에 슬래시가 많이 들어가게 되지만, 독해 실력이 향상될수록 슬래시의 개수가 줄어들 것입니다. 조만간 그리 복잡하지 않은 문장은 슬래시를 넣지 않고도 한눈에 해석할 수 있게 될 것입니다.

슬래시를 이용한 직독직해를 하면,
1. 영문의 어순과 구조에 익숙해진다.
2. 독해 속도가 빨라진다.

또한 들리는 대로 바로바로 이해해야 하는 영어 리스닝에도 효과적입니다.
이제 문장의 뒤에서부터 해석해 올라오는 습관은 하루 빨리 버리세요.

직독직해로 다시 읽는 〈톨스토이 단편선〉

본문 중에서 일부를 발췌했습니다.
의미단위별로 문장을 끊어 두었으니 다시 한번 읽으면서 직독직해 연습을 해봅시다.

Once / there lived a Russian farmer / who had three sons / : Simon, Tarras and Ivan. //
예전에 / 러시아인 농부가 살았다 / 아들 셋을 둔 / - 세몬, 타라스, 이반 //

Simon became a soldier, / and Tarras became a businessman. //
세몬은 군인이 되었다 / 그리고 타라스는 사업가가 되었다 //

Ivan stayed on the farm / and worked hard / for his family. //
이반은 농장에 머물렀다 / 그리고 열심히 일했다 / 가족을 위해 //

Simon was very successful. //
세몬은 매우 성공했다 //

The Russian king, / called "Czar", / gave him a large farm. //
러시아의 왕 / 짜르라고 불리는 / 그에게 큰 농장을 주었다 //

However, / his wife spent / all their money and more. //
하지만 / 그의 아내는 써버렸다 / 돈 전부와 그 이상을 //

Simon went to his father. //
세몬은 아버지를 찾아갔다 //

The Devil was disappointed / to hear about Ivan and his brothers. //
큰 도깨비는 실망했다 / 이반과 그의 형제들에 대한 얘기를 듣고 //

He wanted people to argue. //
그는 사람들이 싸우기를 바랐다 //

So / the Devil called three young devils / to him. //
그래서 / 큰 도깨비는 어린 도깨비 셋을 불렀다 / 그 앞으로 //

"I want you / to make Ivan and his brothers fight / with each other," / said the Devil. //
난 너희들에게 원해 / 이반과 형제들이 싸우게 만들기를 / 서로서로 / 큰 도깨비가 말했다 //

Can you make them do this? //
너희들이 그들이 이렇게 하도록 만들 수 있니? //

"Yes, master," / they said. //
예, 나리 / 그들이 말했다 //

"We will make each brother fail / in his work. //
우리가 형제들 각각을 실패하게 만들겠어요 / 자기 일에서 //

Then / they will all go back / to their father's farm / and argue." //
그러고 나면 / 그들 모두 돌아갈 거에요 / 아버지의 농장으로 / 그리고 싸울 거에요 //

The little devils agreed / that they would each ruin one brother. //
꼬마 도깨비들은 응했다 / 그들이 각각 형제들을 한 명씩 망치는 것에 //

Whoever finished first / would then help / the others. //
누구든지 먼저 끝내면 / 그 다음에는 도울 것이다 / 다른 도깨비들을 //

The next day, / Ivan returned to his field / to finish the plowing. //
다음 날 / 이반은 밭으로 돌아왔다 / 밭 갈기를 끝내기 위해 //

He still had / a terrible stomachache. //
그는 여전히 가졌다 / 지독한 복통을 //

But / Ivan was a strong man, / and he was used to / working every day. //
하지만 / 이반은 강한 사람이었다 / 그리고 그는 익숙했다 / 매일 일하는 것에 //

He tried to pick up / his plow that he left / in the ground / last night. //
그는 주워들려 했다 / 두고간 쟁기를 / 땅에 / 어젯밤에 //

It would not move. //
그것은 움직이지 않았다 //

In fact, / the third devil was in the ground / holding it. //
사실 / 세 번째 도깨비가 땅에 있었다 / 그것을 붙잡고 //

The devil's legs were wrapped / around the plow. //
도깨비의 다리는 감겨 있었다 / 쟁기를 둘러싸고 //

Ivan put his hand / in the ground. //
이반은 손을 넣었다 / 땅 속에 //

He felt something soft. //
그는 뭔가 폭신한 것이 만져졌다 //

With his great strength, / he pulled it out. //
온힘을 다해 / 그는 그것을 잡아당겼다 //

103

권말부록 ❷
리스닝 길잡이

이제는 본문의 이야기를 귀로 즐겨 봅시다.
아래의 듣기 요령과 함께 영어의 특징적인 발음 현상 몇 가지만 알고 있으면
영문을 훨씬 쉽게 알아들을 수 있습니다.

첫째 영어의 리듬을 타세요.

우리말은 각 글자가 모두 한 박자씩이라면 영어는 절대 그렇지 않습니다. 영어는 발음이 강한 부분과 약한 부분이 연속되면서 리듬을 만들어 냅니다. 즉 단어의 강세가 문장의 강세가 되어 각 문장마다 고유한 리듬을 만들어 나가게 되는 것입니다. 따라서 영어를 말하거나 들을 때 리듬을 타는 것은 필수적입니다. 이 리듬이 몸에 익으려면 연습이 많이 필요합니다. 우선 각 단어의 강세가 어디에 있는지 파악하는 것부터 시작합시다.

둘째 강하게 들리는 말 위주로 들으세요.

영어에서는 의미를 전달하는 데 중요한 역할을 하는 단어나 표현을 강하게 발음합니다. 따라서 크게 들리는 말부터 신경 쓰세요. 영어를 처음 들을 때는 모든 단어를 다 듣는 것보다는 자기가 듣는 말이 무슨 의미인지 파악하는 것이 우선입니다. 작게 들리는 말은 대부분 관사나 조동사 등 전체 내용에서 주요한 역할을 하지 못하는 것입니다. 지금 단계에서는 무시하셔도 좋습니다.

셋째 이어지는 말에 주의하세요.

영어는 눈으로 볼 때는 단어들이 각각 떨어져 있어 문제 없지만 들을 때는 사정이 달라집니다. 우리말과 마찬가지로 영어도 옆의 단어와 음이 합쳐지는 경우가 많습니다. 예를 들어 '옷을 벗다'의 의미인 take off는 [테이크 어프]가 아니라 [테이커프]처럼 한 단어처럼 들리게 됩니다.

★ 이제 영어 리스닝에서 주의해야 할 매우 기본적인 사항을 알게 되었습니다.

나도 미국인 성우!
섀도잉하기

이번에는 영어를 들으면서 한 가지 재미있는 연습을 해봅시다.
섀도잉(shadowing)이라는 것입니다. shadow가 '그림자'란 의미이죠? 이 단어가 동사로는 '그림자처럼 따라다니다'의 뜻이 있습니다. 음원을 듣고 성우가 하는 말을 몇 박자 뒤에 그대로 따라하는 것입니다. 성우가 말하는 속도, 그리고 힘을 주는 부분, 약하게 읽는 부분, 말을 멈추는 부분을 앵무새처럼 똑같이 따라해 보세요.
자기도 모르는 사이에 영어 말하기와 듣기 실력이 쑥쑥 늘 것입니다. 이 방법은 전문가들 사이에서도 효과가 입증되어 있답니다. 물론 각각의 어구와 문장들이 무슨 뜻인지 생각하면서 읽어야겠죠.

1단계 자기가 따라할 수 있는 부분까지 듣고 음원을 멈춘다. 그리고 큰 소리로 따라한다.

2단계 자기가 따라할 수 있는 부분까지 듣고 큰 소리로 따라한다. 소리 내어 말하는 동시에 음원에서 나오는 소리를 들으며 돌림노래 부르듯 따라한다.

3단계 갈수록 좀더 많이(한 문장 정도) 듣고 섀도잉한다.

※주의 : 항상 자신이 어떤 내용을 읽고 있는 건지 생각하세요!

즐거운 리스닝 연습

What Men Live By

CHAPTER ONE : page 12

In old Russia, there was once an old shoemaker named Simon. He and his wife were not rich. One day in the (❶) ( ), Simon left his house to buy a winter coat. He and his wife needed a new coat to share.
He had only three rubles, but he also (❷) ( ) visit some of his customers on the way. They owed him five rubles for work he had already done.

❶ **late fall** [레잇 f펄] late는 '레이트'가 아니다. 마지막 -t가 앞 음의 받침처럼 소리 난다.

❷ **planned to** [플랜터] planned의 마지막 [d]음과 to가 이어지면서 하나의 음으로 들린다. 같은 음은 물론이고 비슷한 발음이 이어지면 하나의 음으로 들리는 경우가 많다.

다음은 〈톨스토이 단편선〉의 각 chapter 앞부분입니다. 처음이 잘 들리면 계속해서 부담이 없지요. 우선 이 앞부분을 들어 보세요. 그리고 괄호 안이 어떻게 들리는지 귀 기울이십시오. 또한 이어지는 각 발음에 대한 설명을 잘 읽어 보세요. 영어의 대표 발음 현상 위주로 알기 쉽게 해설했으니 여기에 나오지 않는 부분도 문제없이 들을 수 있을 것입니다.

CHAPTER TWO : page 28

After one year, a rich (❶) came to Simon's shop. He asked, "Who is the master shoemaker here?"
"I am, sir," said Simon. "How can I help you?"
The rich gentleman showed Simon a large (❷) ( ) very fine leather. "Do you know (❸) ( ) ( ) leather this is?"
"It's good leather, sir," said Simon.

❶ **gentleman** [젠틀맨 / 제늘먼] 1음절에 강세가 있다. -nt-가 이어지면, [t]음이 탈락되는 경우가 종종 있다. 마찬가지로 Internet도 [이너넷]으로 발음되기도 한다.

❷ **piece of** [피서(ㅂ)] 두 단어가 연음되어 한 단어처럼 들린다. of는 연음되거나 [v]음이 안 들리는 경우가 많다.

❸ **what kind of** [왓카인더(ㅂ) / 와카이너(ㅂ)] 자주 나오는 어구이므로, 발음도 한 단어처럼 익혀 두자. 이 표현은 발음하기에 따라 다른 소리가 난다. 두 번째 경우는 kind의 d음이 탈락된 경우.

Ivan, the Fool

CHAPTER ONE : page 46

Once there lived a (❶) farmer who had three sons: Simon, Tarras and Ivan.
Simon became a soldier, and Tarras (❷) (　　) businessman. Ivan stayed on the farm and worked hard for his family.

❶ **Russian** [뤄션] '러시안'이 아니다. 외래어나 고유명사는 이미 우리말식으로 알고 있는 것 때문에 리스닝하는 데 장애가 되는 경우가 많다. 아는 외래어라도 발음과 강세를 꼭 한번씩 짚어 보는 습관을 들이자.

❷ **became a** [브케이머] 두 단어가 연음되어 마치 한 단어처럼 들린다. became은 제 2음절에 강세가 있다는 것도 알아두자.

CHAPTER TWO : page 62

After finishing his mission, the first devil (❶) (　　) Ivan's farm. However, he (❷) not find his brother. "Something (❸) (　　) happened to my brother. I will have to stop Ivan myself," said the first devil, seeing the small hole in the ground.

❶ **went to** [웬투] [웬트 투]가 아니다. 영어에서는 같은 발음이 이어지면 한번에 발음하는 경향이 있다.

❷ **could** [쿠 / 커] 조동사가 제대로 발음되는 경우는 거의 없다. 마지막 [d]음은 안 들리기 일쑤.

❸ **must have** [머스태ᵥᵦ / 머스해ᵥᵦ] 문장 안에서 빠르고 약하게 지나가는 부분이다. 앞의 발음처럼 have의 [h]음이 탈락하고 연음되거나, 뒤의 경우처럼 must의 t가 안 들리는 경우가 있다.

CHAPTER THREE : page 78

The (❶) ( ), Simon was knocking on Ivan's door. "Brother, tell me where the soldiers came from," Simon (❷). "I will show you," said Ivan. He took Simon into the barn and made some soldiers from straw. "This is (❸)!" said Simon.

❶ **next morning** [넥ㅅ(ㅌ)모닝] next는 '넥스트'가 아니다. -xt[st]는 [스트]에서 '으'음이 없는 듯 소리난다. 거기다 [t]음은 아예 탈락되는 경우가 많다.

❷ **asked** [애슥ㅌ] '애스크트'가 아니다. 과거형 -ed는 앞의 음이 [p, k, f, s] 등이면 [t]로 발음된다.

❸ **amazing** [(으)메이징] 2음절에 강세가 있다. 강세가 있는 음의 주변 소리는 상대적으로 작게 들린다. 특히 2음절에 강세가 있고 1음절이 모음이면, 이 1음절은 묻혀서 들리지 않기도 한다.

Listening Comprehension

A 등장인물에 대한 설명을 듣고 각각의 인물 그림 밑에 번호를 써 넣으세요.

Ivan   Tarras   The little devils   Martha

_____   _____   _____   _____

B 다음을 듣고 빈칸을 채워 문장을 완성하세요.

① It was very difficult for Ivan to plow the _____.

② Even though it was getting _____ now, the vodka kept him _____.

③ She _____ that Simon did not have a winter coat.

④ The _____ in his stomach went away.

C 다음 문장을 듣고 〈바보 이반〉에 대한 내용이면 I에, 〈사람은 무엇으로 사는가〉에 대한 내용이면 W에 체크하세요.

① _____   I   W

② _____   I   W

---

*A*nswers

A   Ivan - ❸ He is a simple, honest and happy farmer.
Tarras - ❷ He is a trader and likes to gather gold coins.
The little devils - ❹ They are always making trouble for people.
Martha - ❶ She quickly gets angry, but a fair and kind person.

B   ❶ field   ❷ dark, warm   ❸ noticed   ❹ pain

C   ❶ Men who work hard with their hands have less problems than men who don't. (I)
❷ People usually do not know when they are going to die. (W)

007.MP3

D 질문을 듣고 가장 알맞은 대답을 고르세요.

❶ _____?

   (a) It is better to try and accomplish great things than to live simply.

   (b) Lazy people don't get enough to eat.

   (c) A simple life of hard work is the best way to live.

❷ _____?

   (a) You should believe that God would live in you.

   (b) Men do not know when they will die, so they make foolish plans.

   (c) Men have much to learn from angels.

D 〈사람은 무엇으로 사는가〉와 관련된 문장들입니다. 듣고 받아쓴 다음 순서대로 다시 배열하세요.

❶ _____.

❷ _____.

❸ _____.

❹ _____.

❺ _____.

❻ _____.

_____ ⇨ _____ ⇨ _____ ⇨ _____ ⇨ _____ ⇨ _____

Answers

D ❶ Which sentence best describes the story, *Ivan the Fool*? (c)
   ❷ Which sentence best describes the story, *What Men Live By*? (a)

E ❶ The angel, Michael, disobeyed God. ❷ A woman died while giving birth to twins.
   ❸ Michael fell to the earth, naked and alone. ❹ Martha didn't like Michael at first.
   ❺ Michael saw the twins and learned the third truth.
   ❻ Michael made slippers for the rich gentleman. < ❷ ⇨ ❶ ⇨ ❸ ⇨ ❹ ⇨ ❻ ⇨ ❺ >

전문 번역

사람은 무엇으로 사는가

[제 1 장] **구두장이 세몬**

`p. 12-13` 옛날 러시아에 세몬이라는 늙은 구두장이가 있었다. 세몬과 그의 아내는 가난했다. 늦가을의 어느 날, 세몬은 겨울 외투를 사기 위해 집을 나섰다. 세몬과 아내는 함께 입을 새 외투가 필요했다.

세몬은 3루블밖에 없었지만 외투를 사러 가는 길에 몇몇 손님들을 찾아갈 생각도 하고 있었다. 그들은 세몬이 이미 해준 일의 대가로 그에게 5루블의 외상이 있었다.

세몬은 몇몇 손님들 집을 방문했지만 20코펙 정도밖에 수금하지 못했다.

외투를 사기 위해 가게에 다다랐을 때 세몬은 돈이 충분하지 못했다. 그는 지금 외투 값의 일부만 지불하고 나머지는 나중에 줘도 되는지 물었다. 하지만 가게 주인이 말했다. "돈을 전부 가져오시오. 당신이나 나나 외상값 받기가 어렵다는 것을 잘 알고 있잖소."

`p. 14` 세몬은 낙담했다. 세몬은 20코펙으로 보드카를 사서 마시고 집으로 걸어가기 시작했다. 날이 점점 어두워지고 있었지만 보드카 덕분에 세몬은 춥지 않았다.

세몬은 집으로 가다가 길가에 있는 작은 교회를 지나게 되었다. 세몬은 교회 뒤에서 뭔가 하얀 것을 보았다. 하얀 물체는 벌거벗은 사람 같았다! 순간 세몬은 겁이 났다.

'강도들이 저 사람을 죽이고 옷을 빼앗아 간 게 틀림없어. 서둘러야겠다. 그렇지 않으면 나도 붙잡힐 거야!' 세몬은 생각했다.

`p. 16-17` 세몬은 서둘러 교회 앞을 지나쳤다. 잠시 후 세몬은 뒤돌아보았다. '어떻게 해야 하지? 내가 그리로 돌아가면 그 자가 내 옷을 빼앗으려고 나를 죽일지도 몰라. 설사 날 해치지 않는다고 하더라도 내가 그 자를 위해 뭘 해 줄 수 있겠어?'

세몬은 교회가 보이지 않을 때까지 길을 따라 뛰었다. 그러나 다음 언덕 꼭대기에서 돌연 멈추어 섰다.

'내가 지금 뭘 하고 있는 거지? 저 사람이 죽어가고 있을지도 모르는데! 내 자신이 부끄럽다!' 세몬은 생각했다. 세몬은 몸을 돌려 교회로 되돌아갔다.

교회 뒷편으로 가니 젊은 남자가 보였다. 젊은이는 키가 크고 튼튼해 보였지만 겁을 먹고 있는 것 같았다. 그 남자는 아주 잘생겼고 선한 얼굴을 하고 있었다. 불현듯 세몬은 그 남자가 마음에 들었다. 세몬은 자신의 낡은 외투를 벗어 젊은 남자의 어깨에 둘러 주었다.

또 가지고 있던 여벌의 부츠도 그 남자에게 주었다.

p. 18-19 세몬이 물었다. "걸을 수 있겠소?"

젊은 남자는 일어나 부드러운 눈길로 세몬을 바라보았지만 말을 하지는 않았다.

"왜 말을 하지 않는 거요? 어디에서 왔소?" 세몬이 물었다.

젊은 남자는 차분하고 상냥한 목소리로 대답했다. "저는 이 근방 사람이 아닙니다."

"그런 줄 알았소. 내가 이 지역에 사는 사람들은 모두 알고 있으니 말이오. 여기는 어떻게 오게 됐소?" 세몬이 물었다.

젊은 남자가 말했다. "말씀드릴 수가 없습니다. 제가 말씀드릴 수 있는 건 하느님이 제게 벌을 주고 계신다는 것뿐입니다."

세몬이 말했다. "물론이오. 모든 것이 하느님의 뜻이지. 마땅히 갈 곳이 없으면 우리 집으로 가서 몸이라도 녹이시오."

낯선 젊은이와 함께 집으로 돌아가면서 세몬은 아내가 걱정되기 시작했다.

세몬의 아내 마사는 세몬이 집으로 들어오는 소리를 들었다. 마사는 세몬에게서 술 냄새가 나는데다 외투조차 가지고 있지 않은 것을 알았다.

마사는 생각했다. '세몬이 집에 데려온 이 낯선 작자는 누구지? 술집에서 만난 주정뱅인가?' 마사는 너무나 실망했다.

p. 20-21 세몬이 말했다. "마사, 저녁준비가 되었으면 같이 듭시다."

마사는 화가 났다. "늦게 들어 와서 무슨 저녁타령이에요. 늦기만 한 게 아니라 외투도 없이 왔군요. 가진 돈을 술 사 먹는 데 다 쓴 것도 모자라 낯선 남자까지 집으로 끌어들이다니요. 저 자는 옷조차 제대로 입지 않았네요. 당신들 같은 주정뱅이에게 줄 저녁은 없어요!"

"마사, 그만하구려." 세몬이 설명하려고 했지만 마사는 너무나 화가 나 있었다.

마사가 말했다. "당신하고 결혼하지 말았어야 했어요. 도대체 외투도 없이 이번 겨울을 어떻게 나려는 거예요? 당신이 할 줄 아는 거라곤 낯선 주정뱅이를 데려와 얼마 있지도 않은 음식을 축내는 것뿐이군요!"

그리고 나서 마사는 낯선 남자를 쳐다보았다.

"저 자가 선량한 사람이라면 발가벗고 있을 이유가 없죠. 저 사람이 어디에서 왔는지 얘기나 들어 봅시다!" 마사가 밀했다.

"그게 바로 내가 당신에게 말하려고 했던 거요!" 그제서야 세몬은 자신이 어떻게 젊은이를 만나게 되었는지 설명했다.

마사는 남편의 얘기를 들으면서 젊은 남자를 바라보았다. 젊은 남자는 꼼짝하지 않고 의자 끄트머리에 앉아 있었다. 그 남자는 양손을 무릎에 올려놓은 채 바닥만 보고 있었다. 아주 불쌍해 보였다.

p. 22-23 얘기를 끝낸 후 세몬이 덧붙였다. "마사, 하느님을 사랑하지 않는 거요?"

마사는 이 말을 듣고 그 낯선 남자가 가엾어졌다. 마사는 부엌으로 가 차와 빵을 가져 왔다. 마사는 음식을 낯선 이 앞에 놓았다.

115

"생각 있으면 드쇼." 하고 마사가 말했다. 낯선 남자가 먹는 모습을 바라보던 마사는 화가 가라앉는 것을 느꼈다. 마사는 이 젊은이를 좋아하게 될 것 같은 생각이 들었다.

갑자기, 이 남자가 고개를 들어 미소지었다. 그의 얼굴에서 빛이 뿜어져 나오는 것 같았다.

"고맙습니다." 그가 말했다.

이 낯선 남자는 세몬 집에 머무르며 구두 만드는 법을 배웠다. 그는 빨리 배웠고 솜씨가 썩 좋았다. 이 사람은 자기 이름이 미하일이라고만 했다.

미하일이 신발을 아주 잘 만드니 많은 사람들이 세몬의 가게로 몰려들었다. 곧 세몬과 마사는 음식과 옷을 장만할 돈을 넉넉히 갖게 되었다.

[제 2 장] **지상의 천사**

p. 28-29 1년이 지나, 한 부유한 신사가 세몬의 가게를 찾아왔다. "누가 이 가게의 수석 구두장이냐?" 신사가 물었다.

"접니다, 나리. 무엇을 도와 드릴까요?" 세몬이 말했다.

부유한 신사는 커다랗고 매우 훌륭한 가죽을 세몬에게 보여주었다.

"어떤 가죽인지 알겠느냐?"

"좋은 가죽이군요." 하고 세몬이 말했다.

신사는 비웃으며 말했다. "이건 최상품이라고, 멍청한 양반아. 이 가죽으로 1년을 신어도 끄떡없을 장화를 만들거라. 할 수 있겠느냐?"

세몬은 걱정되었다. 세몬은 미하일을 바라보며 물었다. "이 일을 받아야 할까?"

미하일이 고개를 끄덕였다. 미하일은 부유한 신사의 뒤편을 보고 있는 것 같았지만 거기에는 아무도 없었다. 갑자기 또 미하일이 미소지었다.

그러자 부유한 신사가 소리쳤다. "왜 웃는 거야, 이 바보 같은 녀석. 빨리 일이나 시작하도록 해. 이틀 후에 다시 올 테니까!"

p. 30 다음 날 미하일은 신사의 신발을 만들었다. 세몬은 미하일이 작업한 것을 확인하다가 놀라서 외쳤다.

"무슨 짓을 한 건가? 장화가 아니라 덧신을 만들다니!" 세몬이 소리쳤다.

갑자기 문 두드리는 소리가 났다. 세몬이 문을 여니 부자의 하인이 서 있었다.

"그 신사분의 부인께서 장화 때문에 저를 보내셨어요." 하고 하인이 말했다.

세몬은 두려웠다.

"주인님께서는 더 이상 장화가 필요 없게 되셨답니다. 돌아가셨어요. 마님께서 나리의 장례식에 쓸 덧신을 만들어 달라고 하십니다." 하인이 말을 이었다.

세몬은 깜짝 놀랐다. 미하일은 말없이 자신이 만든 덧신을 집어들어 하인에게 건넸다. 하인은 절을 하며 말했다. "감사합니다, 선생님."

p. 32-33 미하일이 세몬과 함께 산 지 6년이 지났다. 어느 날, 미하일이 창문 너머를 바라보며 서 있었다. 세몬은 이상한 생각이 들었다. 미하일은 전에는 한번도 바깥 세상에 관심을 갖지 않았었다.

"저것 좀 봐요." 하고 마사가 말했다. "두 딸을 데리고 어떤 부인이 오고 있어요. 그런데 한 아이는 다리가 불편하네요."

그 부인이 구두 가게로 들어왔다.

"좋은 날이네요. 무엇을 도와 드릴까요?" 세몬이 물었다.

부인이 말했다. "이 아이들이 신을 가죽신이 필요해요."

"우리가 만들어 드리죠." 하고 세몬이 말했다. 미하일이 그 소녀들을 유심히 바라보는 것을 세몬이 알아챘다.

"이 아이는 어쩌다가 다리를 다쳤나요? 태어날 때부터 그랬나요?" 세몬이 물었다.

부인이 말했다. "아니에요. 이 아이의 엄마가 그랬답니다. 나는 이 아이들의 친엄마가 아니에요. 이 아이들은 이웃집 애기였어요. 꼭 6년 전에 쌍둥이로 태어났지요. 아이들 아버지는 아이들이 태어나기 1주일 전에 세상을 떠났어요. 그리고 아이들 엄마는 이 아이들을 낳고 나서 바로 숨을 거두었죠. 아이들 엄마가 죽으면서 이 애들 중 한 명 위로 구르는 바람에 아기의 다리가 비틀어졌어요. 나도 막 아이를 낳은 참이라 이 아이들을 거둬 젖을 물렸지요. 불행히도 내 아이는 죽었지만 나는 이 두 아이를 키웠어요. 이제 난 이 애들을 내 친자식처럼 사랑한답니다."

p. 34-35 마사가 말했다. "사람은 부모 없이 살 수 있을지 몰라도 하느님 없이는 살 수 없다는 말이 맞네요."

갑자기 밝은 빛이 방안을 가득 채웠다. 모두가 미하일을 바라보았다. 미하일이 이 빛의 근원이었다. 미하일은 미소지으며 하늘을 올려다보았다.

미하일은 연장들을 내려놓고 앞치마를 벗었다. 그러고 나서 세몬과 마사에게 고개 숙여 인사했다.

"하느님께서 저를 용서해 주셨습니다. 당신들 곁을 떠나는 건 슬프지만 전 지금 가야 합니다." 미하일이 말했다.

세몬이 미하일에게 말했다. "자네가 보통 사람이 아니라는 걸 알았으니 붙잡을 수 없군. 그렇지만 무슨 일인지 얘기나 해주게나."

미하일이 세몬을 바라보며 웃었다.

"적어도 당신께 설명은 해드려야지요. 아시다시피 6년 전 저는 하느님께 복종하지 않아 벌을 받았습니다. 그분은 저에게 한 여인의 영혼을 데려오라고 하셨어요. 그 여인은 방금 이 자리에 있던 쌍둥이 소녀들의 생모였지요. 그녀의 집에 도착해 전 갓 태어난 두 아기를 보았어요. 아이들의 엄마는 제게 그녀의 영혼을 데려가지 말아 달라고 애원했어요. 그래서 전 천상으로 돌아가 하느님께 그녀를 살려 달라고 부탁했지요."

p. 36-37 "하느님께서는 저에게 '돌아가서 그 엄마의 영혼을 데려 오너라. 그 다음 넌 세 가지 진리를 배워야만 한다. 첫 번째, 사람의 마음속에 무엇이 있는지를 깨달아라. 두 번째, 사람에게 주어지지 않은 것이 무엇인지 깨달아라. 마지막으로, 사람이 무엇으로 사는지를 깨닫도록 해라. 이 세 가지를 깨닫게 되면 하늘로 다시 돌아올 수 있을 것이다.' 하고 말씀하셨어요.

그래서 저는 그 여인의 오두막으로 되돌아갔어요. 저는 그녀의 영혼을 거두었고 그 후에 갑자기 제 날개가 사라졌어요! 저는 땅으로 떨어지고 말았지요. 그렇게 되어 세몬 당신이 교회 뒤에서 벌거벗은 채 꽁꽁 얼어 있는 저를 발견하게 된 거랍니다.

저는 너무나 외롭고 무서웠어요. 저는 당신이 저를 도와줄 수 없을 것 같았어요. 그런데 당신은 다시 돌아와 제게 외투를 벗어 주었죠! 당신과 함께 당신 집에 왔을 때, 저는 마사가 무서웠어요. 마사는 무척 화가 난 것 같았거든요. 그런데 마사는 저를 불쌍하게 여겨 얼마 있지도 않은 음식을 제게 나누어 주었어요. 그때 전 하느님의 진리 중 첫 번째를 알게 되었기 때문에 미소지었지요. 사람의 마음속에는 사랑이 깃들어 있다는 거죠.

p. 38-39 그로부터 1년이 흐른 후, 부유한 신사가 우리 가게를 찾아왔어요. 저는 그 신사의 등 뒤에 있는 저승사자를 보았어요. 곧 죽을 운명이었지만, 그 남자는 일년 동안 신을 장화를 원했죠. 그래서 전 사람들은 그들에게 무엇이 필요한지 아는 힘은 갖지 못했다는 것을 깨달았어요. 두 번째 진리를 깨달았기에 그때 저는 미소지었지요.

그리고 방금, 저 부인이 가게에 왔을 때 세 번째 진리를 깨달았어요. 부인은 친자식은 아니지만 아이들을 사랑하고 있어요. 저는 저 부인에게 하느님이 깃들어 있다는 것을 알 수 있었어요. 그때, 전 사람은 사랑으로 산다는 것을 알았어요. 그래서 세 번째로 미소지었던 거지요."

미하일은 점점 키가 커지는 것 같았다. 미하일의 몸 전체에서 밝은 빛이 쏟아져 나왔다. 세몬과 마사는 미하일을 똑바로 바라볼 수 없었다. 미하일의 몸에서 날개가 자라났다. 미하일의 목소리는 점점 커지고 강해졌다.

"이제 저는 사람이 사랑만으로 산다는 것을 알았어요. 사랑을 가진 사람은 하느님과 함께 있는 것이고, 하느님은 그 사람 안에 있는 거예요. 왜냐하면 하느님은 사랑이니까요."

그 순간 가게의 지붕이 열리고 하늘에서 밝은 빛이 내려왔다. 미하일은 날개를 펴고 빛 속으로 날아올랐다. 세몬과 마사는 눈을 가리고 땅에 엎드렸다. 세몬이 다시 눈을 떴을 때, 지붕은 닫혀 있었다. 가게에는 세몬과 마사 말고는 아무도 없었다.

바보 이반

[제 1 장] 큰 도깨비의 음모

p. 46-47   옛날에 세몬, 타라스, 이반이라는 세 아들을 둔 러시아 농부가 살았다.

세몬은 군인이 되었고 타라스는 상인이 되었다. 이반은 농장에 남아 가족을 위해 열심히 일했다.

세몬은 아주 크게 출세했다. '짜르'라고 불리는 러시아 황제가 세몬에게 큰 농장을 하사하였다. 그러나 세몬의 아내는 그들이 가진 돈을 다 써버리고도 더 썼다. 세몬은 아버지에게 가야만 했다.

세몬이 말했다. "아버지, 저는 아버지의 아들입니다. 제 몫의 유산을 주십시오."

그러나 아버지가 대답했다. "그건 이반과 그의 누이동생에게 공평하지 않구나. 이 집에 있는 건 모두 그 애들이 열심히 일해서 마련한 것들이잖니."

"이반은 바보에요. 그리고 누이동생은 벙어리잖아요. 그들에게는 돈이 필요 없어요." 하고 세몬이 말했다.

아버지가 대답했다. "이반에게 물어 봐. 이반이 어떻게 생각하는지 알아보거라."

이반은 "형의 몫을 가져가게 하세요." 하고 대답했다.

p. 48-49   곧 또 다른 형 타라스도 집에 왔다.

타라스는 아버지에게 말했다. "세몬 형이 자기 몫을 챙겨갔더군요. 그렇다면 저는요?"

다시 한번 거절하며 아버지가 말했다. "세몬과 마찬가지로 너 역시 우리 농장에서 아무 일도 하지 않았어."

그래서 타라스는 이반에게 말했다. "내게 수확한 곡식 절반과 말 한 마리만 주려무나."

이반은 "좋아요. 형님의 온당한 몫을 가져가세요." 하고 대답했다.

타라스는 자기가 요구한 것을 가지고 떠났다.

큰 도깨비는 이반과 그의 형제들에 관한 이야기를 듣고 실망했다. 큰 도깨비는 사람들이 싸우는 것을 좋아했다. 그래서 큰 도깨비는 세 명의 어린 도깨비들을 불렀다.

"나는 너희들이 이반과 그의 형제들이 서로 싸우게 만들기를 바란다. 그렇게 만들 수 있겠느냐?" 하고 큰 도깨비가 말했다.

"할 수 있습니다. 큰 도깨비 님. 저희가 형제들이 각각 자기 일에서 실패하도록 만들겠습니다. 그러면 모두 아버지의 집으로 돌아올 것이고 서로 싸우게 될 겁니다."

p. 50-51   작은 도깨비들은 각자가 한 사람씩 맡아 형제들을 망하게 만들기로 했다. 누구든지 먼저 일을 끝내는 도깨비가 나머지 도깨비들을 도와줄 것이다.

한 달 후, 첫 번째 도깨비가 그간의 일을 얘기했다.

"임무에 성공했어." 첫째 도깨비는 자랑스럽게 말했다. "내일이면 세몬은 아버지 집으로 돌아갈 거야. 내가 맨 처음 한 일은 세몬의 마음 속에 용기를 불어 넣는 것이었어. 그래서 세몬은 황제에게 가서 인도를 정복하겠다고 말했지. 황제는 세몬을 대장으로 임명해 전쟁에 내보냈어. 그리고 나서 난 인도의 왕에게로 날아갔지. 난 인도의 왕에게 짚으로 병사 만드는 법을 가르쳐 주었어. 이 병사들은 러시아 병사들을 많이 죽였지.

러시아의 황제는 무척 화가 났어. 황제는 세몬을 감옥에 가두고 내일 처형하기로 했어. 난 오늘밤 세몬이 감옥에서 달아나도록 도와줄 거야. 자, 형제 도깨비들아, 누굴 도와줄까?"

p. 52-53 둘째 도깨비가 말했다. "난 괜찮아. 타라스를 상대로 한 내 임무는 다음 주면 끝날 거야. 나는 타라스를 더 탐욕스럽게 만들었어. 그는 눈에 보이는 건 뭐든 사느라 돈을 다 써버렸지! 곧 타라스는 모든 것을 잃고 아버지에게 돌아가게 될 거야."

셋째 도깨비는 왠지 난처한 표정을 짓고 있었다. "내 일은 그다지 잘 되고 있지 않아. 난 심한 복통을 일으키도록 이반이 먹는 아침 차에 침을 뱉었어. 그런데도 이반은 밭에다 씨를 뿌리려고 나서는 거야. 그래서 난 땅을 아주 딱딱하게 만들었어. 그렇게 하면 밭 갈기가 무척이나 힘들 테니까 말이야. 난 이반이 포기할 줄 알았어. 그런데 계속해서 밭을 가는 거야. 그래서 난 땅 속으로 들어가 양손으로 쟁기의 날을 움켜잡았어. 그런데 그만 이반이 쟁기를 아주 세게 밀어 넣는 바람에 내 손가락만 베었어!" 셋째 도깨비가 한숨을 쉬었다. "형제들아, 너희들 일을 마치고 나면 와서 날 도와줘. 우리는 이반이 가족들을 위해 충분한 양식을 마련하는 것을 막아야 해."

p. 54-55 다음 날, 이반은 쟁기질을 마저 하려고 밭으로 갔다. 이반은 여전히 배가 무척 아팠다. 그러나 이반은 강한 사람이었고 하루도 거르지 않고 일을 했었다.

이반은 지난 밤 밭에 두고 왔던 자신의 쟁기를 들어 올리려고 했다. 그러나 쟁기는 꼼짝도 안 했다. 사실은 셋째 도깨비가 땅 속에서 쟁기를 붙잡고 있었던 것이다. 도깨비는 두 발로 쟁기를 감고 있었다.

이반은 흙 속으로 손을 집어넣었다. 이반의 손에 뭔가 푹신한 것이 만져졌다. 이반은 힘을 줘서 그걸 끄집어냈다. 그것은 흉측하게 생긴 짐승처럼 보였다.

이반은 몸서리를 쳤다. 이반은 쟁기 날로 그 도깨비를 치려고 손을 들어 올렸다. 셋째 도깨비가 외쳤다. "제발 살려 주세요! 원하시는 건 뭐든지 해드릴게요!" 이반은 들었던 팔을 내리고 머리를 긁적거렸다.

"배가 많이 아픈데. 고칠 수 있겠냐?"

"물론입니다. 저를 풀어 주시면 배를 낫게 하는 약을 찾아낼게요."

p. 56-57 작은 도깨비는 주변을 둘러보다가 어떤 뿌리를 뽑아 올렸다. 도깨비는 그 뿌리를 이반에게 가져와 말했다. "이걸 드세요. 이 뿌리는 어떤 병도 낫게 하죠."

이반은 그 뿌리를 조금 씹어 먹었다. 그러자 배 아픈 것이 씻은 듯이 나았다.

"다 나았어. 넌 이제 가도 좋아. 신의 은총을 빈다." 하고 이반이 말했다.

도깨비들은 신의 이름을 듣는 걸 몹시 싫어한다. 도깨비는 즉시 사라져 버렸다. 남은 것이라고는 땅 속의 작은 구멍뿐이었다.

그날 저녁, 이반은 형 세몬과 그의 아내가 저녁식탁에 앉아 있는 것을 보았다.

"안녕, 이반. 난 모든 걸 잃고 집으로 돌아왔단다. 내가 일을 찾을 때까지 우리를 돌봐 주겠니?" 세몬이 말했다.

"그럼요. 우리와 함께 지내세요." 이반이 대답했다.

이반이 식탁에 앉자 세몬의 아내가 남편에게 속삭였다. "나는 고약한 냄새가 나는 더러운 농부와 함께 밥을 먹을 수는 없어요."

그러자 세몬이 이반에게 말했다. "네 형수가 네게서 나는 냄새를 견딜 수 없다고 하는구나. 너는 현관에 나가 식사하는 것이 좋겠다."

"그러죠." 이반이 대답했다.

[제 2 장] **이반과 도깨비들의 대결**

p. 62-63   자신의 임무를 마친 후 첫째 도깨비가 이반의 농장으로 왔다. 하지만, 첫째 도깨비는 자기 형제를 찾을 수가 없었다.

"내 형제에게 무슨 일이 일어난 게 틀림없어. 내가 직접 이반을 막아야겠다." 첫째 도깨비는 땅에 난 작은 구멍을 보며 말했다.

그 꼬마 도깨비는 이반네 목초지를 물에 잠기게 만들었다.

이반은 풀을 베려고 했지만 너무 힘이 들었다. 이반은 곧 녹초가 되었다. "다시 돌아와서는 풀을 모두 벨 때까지 목초지를 떠나지 않을 거야." 이반이 중얼거렸다.

첫째 도깨비는 풀숲에 숨었고 이반은 곧 다시 돌아왔다. 이반이 낫을 아래로 휘두르자 작은 도깨비는 날 끝을 땅 속에 묻어 버렸다. 이반은 힘을 다해서 낫을 당겼다. 도깨비는 낫을 피하려고 펄쩍 뛰었지만 꼬리의 일부를 잘리고 말았다.

p. 64-65   그날 남은 시간 내내 첫째 도깨비는 이반을 저지하기 위해 애썼다. 그러나 이반은 결국 일을 끝마쳤다.

"이제 밭에 귀리를 심어야겠다." 이반이 말했다.

"내일은 꼭 이반이 일을 못하게 해야지." 하고 첫째 도깨비가 다짐했다.

다음 날 아침에 일어난 도깨비는 이반이 밤새 귀리를 심었다는 것을 알았다!

"저 녀석은 잠도 안 자나! 이반보다 앞서서 생각해야 돼. 그는 곧 건초가 필요할 거야. 그렇다면 나는 이반이 헛간으로 건초를 가지러 오기 전에 건초를 몽땅 썩혀야겠다." 첫째 도깨비는 혼잣말했다.

건초가 상하도록 적셔 놓은 후 첫째 도깨비는 잠이 들었다.

다음 날, 이반은 건초를 퍼 올리기 위해 기다란 갈퀴를 들고 헛간으로 갔다. 건초 속에 갈퀴를 찔러 넣자 뭔가 단단한 것이 부딪히는 느낌이 들었다. 그와 동시에, 건초 속에서 희한한 비명 소리가 들렸.

갈퀴 끝에 작은 도깨비가 꽂혀 있었다!

이반이 소리쳤다. "너 가버리겠다고 했잖아!"
"저는 다른 도깨비예요. 당신이 전에 만난 도깨비는 제 형제예요."

p. 66-67 "네 녀석이 누구든 상관없어. 어쨌든 널 없애 버릴 거야." 이반이 말했다.
"제발 살려 주세요! 전 짚으로 병사를 만들어 드릴 수 있어요!"

"병사들은 뭐에 쓰는데?" 이반이 물었다.
"병사들은 당신을 위해 무슨 일이든 할 수 있죠." 작은 도깨비가 대답했다.
"그럼 내게 병사 만드는 방법을 알려줘." 이반이 말했다.
첫째 도깨비는 짚을 비비며 어떤 주문을 외웠다. 곧 많은 병사들이 헛간 주위를 행진하고 있었다.
"이젠 저를 놓아 주세요." 첫째 도깨비가 말했다.
"기다려 봐." 이반이 말했다. "병사들이 많으면 음식도 많이 필요하잖아. 어떻게 하면 병사들을 다시 짚으로 되돌릴 수 있지?"
"그냥 이 말만 하세요. '병사의 수만큼 짚이 되어라.'라고요. 그러면 병사들이 사라질 거예요." 첫째 도깨비가 말했다.
"좋아. 가도 좋아. 네게 신의 은총이 있길 바란다." 하고 이반이 말했다.
이반이 '신'이라고 말하자마자 도깨비는 땅 속으로 사라져 버렸다. 남은 것은 작은 구멍뿐이었다.

p. 68-69 집으로 돌아와 이반은 작은 형 타라스와 그의 아내를 보고 깜짝 놀랐다. 타라스는 재산을 모두 잃어서 난처한 것 같았다.
"안녕, 이반. 새로운 사업을 시작할 수 있을 때까지 우리가 여기 머물러도 되겠니?" 하고 타라스가 말했다.
"그럼요. 원하는 만큼 여기서 지내세요." 하고 이반이 대답했다.

그러고 나서 이반은 식사를 하기 위해 식탁에 앉았다. 그러자 타라스의 아내가 얼굴을 찌푸렸다. "나는 저런 냄새 나는 농부와 함께 식사할 수 없어요." 타라스의 아내가 말했다.
"이반, 네 형수가 너와 함께 식사하지 못하겠다고 하는구나. 너는 현관에 나가서 혼자 먹으렴." 타라스가 말했다.
"알겠어요. 어차피 곧 말들에게 먹이를 줘야 하니까요." 이반이 대답했다.

p. 70-71 타라스를 망하게 한 둘째 도깨비가 이반의 농장으로 왔다. 둘째 도깨비는 형제들을 찾았지만 그들은 보이지 않았다. 둘째 도깨비가 본 것은 땅에 난 두 개의 구멍뿐이었다.
그날 오후, 이반은 나무를 베기 위해 숲으로 갔다. 이반은 두 채의 집을 지어 형들에게 한 채씩 나누어 줄 생각이었다. 둘째 도깨비는 나무를 단단하게 만들었다. 이반은 평소에는 하루에 오십 그루 정도의 나무를 벨 수 있었다. 그런데 나무들이 너무 단단해서 겨우 열 그루밖에 못 베어냈다. 이반은 너무 지쳐 주저앉았다.
둘째 도깨비는 나무의 높은 가지에서 이반을 지켜보고 있었다.
"이반은 너무 지쳐서 계속 할 수 없을 거야. 형제들이 모두 한 집에서 살아야 된다면 서로 싸우게 될 테지."

둘째 도깨비는 기쁨에 겨워 가지 위에서 춤을 추기 시작했다. 그러느라 둘째 도깨비는 이반이 일어서는 것을 보지 못했다. 이반은 있는 힘껏 도끼를 휘둘렀다. 둘째 도깨비가 미처 피하기도 전에 나무가 한방에 베어졌다. 도깨비는 나무에서 떨어졌고 이반은 그를 발견했다.

p. 72-73 "이게 뭐야? 너는 도망간 줄 알았는데!" 이반이 소리쳤다.
"저는 다른 도깨비예요!"
"어쨌든 상관없어. 도끼로 네 놈을 베어 버릴 테다." 하고 이반이 말했다.
"제발, 저를 죽이지 마세요. 저는 당신에게 금화를 만들어 드릴 수 있어요." 작은 도깨비가 애원했다.
"어떻게 하는 건지 보여줘 봐라."

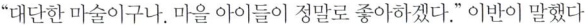

도깨비는 이반에게 어느 특별한 떡갈나무 잎을 모아 달라고 했다. 둘째 도깨비는 그 잎들을 손으로 어떻게 비비는지 이반에게 보여 주었다. 도깨비가 어떤 주문을 외우자 떡갈나무 잎이 금화로 변했다!
"대단한 마술이구나. 마을 아이들이 정말로 좋아하겠다." 이반이 말했다.
"이제 놓아 주세요." 둘째 도깨비가 애원했다.
"신의 은총이 함께 하기를 바란다. 이제 가도 좋아." 이반이 말했다.
'신'의 이름을 언급하자 둘째 도깨비는 땅 속으로 사라져 버렸다.

p. 74-75 이반은 곧 형들이 옮겨 가 살 수 있도록 집을 두 채 지었다. 추수가 끝나자 이반은 성대한 잔치를 계획했다. 이반은 형들을 잔치에 초대했지만 그들은 거절했다. 이반은 어쨌든 잔치를 열기로 하고 온 마을 사람들을 초대했다. 이반은 마을 사람들을 기쁘게 해주기로 마음먹었다.
이반은 마을 처녀들에게 자신을 위해 노래 불러 달라고 했다. 또한 그는 충분히 사례하겠다고 말했다. 아가씨들은 노래를 부르고 난 후 이반에게 보수를 요구했다.
"곧 보여 줄게요."
아가씨들이 비웃는 동안 이반은 숲으로 들어갔다.
곧 이반은 커다란 자루를 들고 돌아왔다. 이반은 자루에서 금화를 많이 꺼내어 허공에 던졌다. 마을 사람들은 깜짝 놀랐다. 그러나 다음 순간 사람들은 땅에 떨어진 금화를 차지하려고 다투기 시작했다. 이제는 이반이 그들을 비웃을 차례였다.

여전히 웃으면서 이반은 마을 아이들에게 병사들이 노래 부르는 것을 보여 주겠다고 말했다. 이반은 헛간으로 들어가, 많은 병사들과 함께 나왔다. 병사들은 아름다운 목소리로 노래를 불렀다. 모두들 즐거워했다.

[제 3 장] 왕이 된 이반

p. 78-79 다음 날 아침, 세몬은 이반네 집의 현관문을 두드렸다.
"동생아, 그 병사들이 어디에서 나왔는지 말해다오." 세몬이 부탁했다.
"보여 드릴게요." 이반이 말했다. 이반은 세몬을 헛간으로 데려가 짚으로 병사들을 만들어 주었다.

123

"굉장하구나! 이런 병사들이 있으면 난 어떤 왕국도 쳐부술 수 있어!" 세몬이 말했다.

이반은 깜짝 놀랐다.

"진작 말씀하시지 그랬어요. 그렇지만 병사들을 멀리 데리고 가겠다고 약속해 주셔야 해요. 병사들을 먹일 만큼 식량이 충분하지 않아요."

세몬은 그러겠다고 약속을 했고, 이반은 세몬에게 거대한 규모의 군대를 만들어 주었다.

마침내 세몬은 소리쳤다. "됐어, 이제 충분하구나. 고맙다, 이반!"

이반이 대답했다. "아무것도 아니에요. 더 필요하시면 다시 오세요."

그리고 나서 세몬은 병사들을 이끌고 인근 왕국들을 공격하기 위해 떠났다.

p. 80   세몬이 떠나자마자 타라스가 이반의 집으로 왔다.

"동생아, 황금이 어디서 났는지 말해 주렴. 내게 돈이 좀 있다면 난 상인으로 성공할 수 있을 거야." 타라스가 말했다.

이반은 깜짝 놀랐다. "그 얘길 진작 하시지 그랬어요. 따라만 오세요." 이반은 거대한 황금더미를 만들어 내고는 그것으로 충분한지 타라스에게 물었다.

"고맙구나, 이반. 당분간은 이걸로 충분할 거야." 타라스가 말했다.

"더 원하시면 다시 오세요. 아무것도 아닌 걸요." 이반이 대답했다.

타라스는 황금을 챙겨서 장사를 하기 위해 떠났다.

p. 82-83   이렇게 해서 세몬은 인근 왕국의 통치자가 되었고, 타라스는 부유한 상인이 되었다. 그렇지만 형들은 좀처럼 만족하지 못했다.

세몬이 말했다. "병사들을 돌볼 돈이 충분치 않아."

타라스가 말했다. "내 돈을 지킬 병사들이 부족해."

"이반에게 가 보자." 세몬이 말했다.

그러나 이반은 거절했다. "세몬 형, 난 형님의 병사들이 그렇게 많은 사람들을 죽일지는 몰랐어요. 그리고 타라스 형, 형은 우리 마을에 있는 소를 모조리 사 버렸어요. 사람들은 금화를 먹지 못하니 마을 사람들은 먹을 것이 하나도 없게 되었죠. 나는 형님들을 도와준 게 후회스럽군요."

형들은 이반 곁을 떠나 새로운 계획을 세웠다.

"내가 너에게 병사들을 좀 주면 너는 내게 돈을 좀 주거라." 세몬이 말했다. 타라스가 이를 받아들여 두 사람은 왕이 되었다.

그동안 이반은 그의 재능과 착한 성품으로 인기가 높아졌다. 이반이 사는 나라의 사람들이 이반을 왕으로 선출했다.

p. 84   큰 도깨비는 작은 도깨비들로부터 아무 소식이 없자 자신이 직접 살펴보려고 왔다. 큰 도깨비는 세 형제가 모두 성공해서 행복하게 살고 있는 것을 보았다. 큰 도깨비는 매우 화가 났다. 큰 도깨비는 자신이 직접 세 형제를 망하게 해야겠다고 마음먹었다.

우선 큰 도깨비는 위대한 장군으로 변장해 세몬에게 갔다. 큰 도깨비는 세몬에게 군대를 더욱 강력하게 만드는 방법을 알려 주었다. 그런 다음 큰 도깨비는 세몬에게 인도를 정복할 수 있을 거라고 말했다.

곧 세몬의 군대는 인도를 정복하기 위해 진군했다.
그러나 세몬은 큰 도깨비가 인도의 왕에게 비행기를 준 것은 알지 못했다. 이 비행기는 세몬의 군대 위로 폭탄을 떨어뜨렸다. 세몬은 속수무책으로 전쟁에서 패했다. 병사들은 모두 전사했고 세몬은 또다시 달아났다.

p. 87 다음으로 큰 도깨비는 타라스의 왕국으로 갔다. 큰 도깨비는 매우 성공한 상인으로 가장했다. 큰 도깨비는 높은 가격에 모든 것을 사들였다. 곧 모든 사람들이 큰 도깨비에게 물건을 팔길 원했다. 처음에 타라스는 세금을 거둬들여 돈이 생기니 기뻤다. 그러나 타라스가 물건을 사려고 하니 아무것도 살 수가 없었다. 상인들 모두 더 많은 돈을 받을 수 있는 큰 도깨비에게 물건을 팔려고 했다. 타라스가 더 높은 가격을 제시했지만 큰 도깨비도 똑같이 했다.

곧, 사람들이 타라스와 하는 거래는 그에게 세금을 내는 것밖에 없게 되었다. 타라스는 황금이 산더미처럼 있었지만 먹을 음식조차 살 수가 없었다. 굶주림에 지쳐 타라스는 그의 왕국에서 달아났다.

p. 88-89 다음으로 큰 도깨비는 이반의 왕국을 찾아갔다. 큰 도깨비는 이반네 나라 사람들이 열심히 일하지만 금은 많이 가지고 있지 않다는 것을 알았다. 그들은 살아가기에 충분할 정도로만 일했다.

큰 도깨비는 장군의 모습을 하고 이반 앞에 나타났다.
"이반, 당신은 군대를 만드셔야 합니다. 저는 당신네 백성들을 강력한 병사로 변모시킬 수 있습니다." 하고 큰 도깨비가 말했다.
"좋아요. 하지만 병사들에게 노래하고 춤추는 것도 가르쳐야 해요." 이반이 말했다.
큰 도깨비는 젊은이들에게 입대할 것을 권했다. 큰 도깨비는 보드카와 군복을 주겠다고 약속했다. 그러나 젊은이들은 웃기만 했다.
"우리는 보드카를 넉넉히 가지고 있어요. 그리고 우리는 군복 같은 건 필요 없어요."
"군대에 들어오지 않는다면 죽음으로 처벌받을 걸세." 큰 도깨비가 위협했다.
"병사가 된다면 우린 결국 싸우다 죽게 될 거예요." 젊은이들이 대답했다.
"병사들은 죽을 수도 있고 죽지 않을 수도 있어. 하지만 입대하지 않는다면 자네들은 분명 죽게 될 거야." 큰 도깨비가 화가 나서 말했다.
젊은이들은 이반에게로 갔다. "장군이 우리가 군대에 입대하지 않으면 왕께서 우리를 죽일 거라고 해요."
이반이 웃었다. "군대에 들어가기 싫으면 하지 않아도 돼."

p. 90 큰 도깨비는 분통이 터졌다. 그는 타르카니아라고 하는 이웃 나라의 왕과 친구가 되었다. 큰 도깨비는 그 왕에게 이반네 나라는 빼앗기 쉬울 거라고 말했다. 타르카니아의 왕은 공격하기로 결심했다.
그러나 병사들이 이반네 나라에 도착했을 때 아무도 그들과 싸우려 하지 않았다. 대신, 이반네 나라 사람들은 병사들에게 음식과 마실 것을 대접했다.

병사들은 자기네 왕에게 말했다. "우리는 더 이상 싸우고 싶지 않아요. 이곳 사람들은 친절하고 평화로워요. 우리는 그들과 함께 살고 싶어요."

타르카니아 왕은 어쩔 수가 없었다. 그는 혼자서 자신의 왕국으로 돌아갔다.

큰 도깨비는 더욱 화가 났다. 그가 이반에게 맞서 시도한 일은 모두 실패로 돌아간 것이다.

p. 92-93 큰 도깨비는 한 번만 더 시도해 보기로 마음먹었다. 큰 도깨비는 고결한 사상가로 변신했다. 큰 도깨비는 이반에게로 가 말했다. "당신들에게 지혜를 일깨워 주고 싶소."

"좋아요. 우리와 함께 지내요." 이반이 말했다.

다음 날, 큰 도깨비는 마을에 나타났다.

"여보시오, 내 말을 들어 보오. 내게 집을 지어 주면 금화로 값을 치루겠소." 큰 도깨비가 말했다.

사람들은 반짝이는 금화를 보고 감탄했다. 사람들은 큰 도깨비를 위해 집을 짓기 시작했다. 농부들은 금화와 음식을 맞바꾸었다.

사람들은 금화를 여자들을 위한 보석이나 아이들을 위한 장난감을 만드는 데 사용했다. 하지만 사람들은 곧 자기들이 원하는 만큼 금화를 가지게 되었다. 갑자기 사람들은 고결한 사상가와 거래하는 것을 그만두었다.

큰 도깨비는 어리둥절했다. 그는 여러 집을 돌아다니며 금화와 음식을 바꾸려고 했다.

"금화 말고 다른 것을 주면 음식과 바꿀게요. 아니면 그리스도의 이름으로 도와 달라고 부탁하면 뭔가를 드리지요." 사람들이 말했다.

그러나 큰 도깨비는 황금밖에 가진 것이 없었고, 그리스도의 이름을 듣는 것만으로도 상처를 입었다.

p. 94-95 결국, 큰 도깨비는 이반의 집을 찾아갔다. 큰 도깨비는 배가 고팠다. 이반은 큰 도깨비를 저녁식사에 초대했다. 이반의 누이동생이 식사를 내왔다. 그러나 이반의 나라에서는 거칠고, 검고, 열심히 일하는 손을 가진 사람들이 먼저 음식을 받았다. 부드럽고 하얀 손을 가진 사람들에게는 음식을 주지 않았다. 이런 사람들은 남은 음식을 기다려야 했다.

물론, 고결한 사상가는 하얗고 부드러운 손에 손톱까지 길게 기르고 있었다. 이반의 여동생은 그 손을 보자 큰 도깨비를 밀쳐냈다.

"화내지 마세요. 이게 우리 법이라오." 이반이 말했다.

"손으로만 일하는 줄 아시오?" 큰 도깨비는 화가 나서 물었다. "당신은 어리석군요. 많은 어려운 일이 머리를 쓰는 사람들에 의해 이루어진다오."

이반은 큰 도깨비의 말에 크게 감명을 받았다. 큰 도깨비는 이반네 백성들에게 머리를 써서 일하는 법을 가르쳐 주겠다고 이반에게 말했다.

다음 날, 큰 도깨비는 높은 탑에 올라가 사람들에게 말했다. 많은 사람들이 그의 얘기를 듣기 위해 왔다. 그러나 그들은 큰 도깨비가 하는 말을 이해하지 못했다. 사람들은 큰 도깨비가 머리로 일하는 것을 보려고 기다렸지만 큰 도깨비는 말만 할 뿐이었다.

p. 96-97 마침내, 큰 도깨비는 굶주림으로 몸이 너무 약해져 탑에서 추락했다. 떨어지면서 큰 도깨비의 다리에 밧줄이 걸렸다. 큰 도깨비의 몸이 좌우로 흔들리게 되었다. 큰 도깨비의 머리가 탑의 벽에 부딪혔다.

사람들이 말했다. "드디어! 고결한 사상가가 머리로 일을 한다!"

이반은 큰 도깨비를 보고서 말했다. "그렇구나. 머리로 일하는 것은 힘들구나. 머리를 저렇게 부딪히기보다는 손을 거칠게 하는 게 낫겠다."

그 순간 밧줄이 끊어지면서 큰 도깨비는 땅으로 떨어졌다. 이반은 고결한 사상가에게로 달려갔지만 이반이 본 것은 바닥에 쓰러져 있는 큰 도깨비였다.

"하느님 맙소사, 이게 뭐야?" 이반이 소리쳤다.

큰 도깨비는 땅에 작은 구멍만을 남긴 채 사라져 버렸다.

* * *

이반은 지금도 살아 있고, 많은 사람들이 그의 나라를 찾아간다. 이반네 왕국에는 절대 바뀌지 않는 법이 하나 있다. 거칠고 열심히 일하는 손을 가진 사람들은 항상 음식을 대접받는다는 것이다.

〈행복한 명작 읽기〉 집필진

Scott Fisher
Seoul National University (M.A. - Korean Studies)
Michigan State University (Asian Studies)
Ewha Womans University, Graduate School of Translation and Interpretation, English Professor

David Hwang
Michigan State University (MA - TESOL)
Ewha Womans University, English Chief Instructor, CEO at EDITUS

Louise Benette
Macquarie University (MA - TESOL)
Sookmyung Women's University, English Instructor

Brian J. Stuart
University of Utah (Mass Communication / Journalism)
Sookmyung Women's University, English Instructor

David Desmond O'Flaherty
University of Carleton (Honors English Literature and Language)
Kwah-Chun Foreign Language High School, English Conversation Teacher

Michael Souza
University of California, Davis (B.A. Anthropology)
California State University, Dominguez Hills (M.A. Humanities)
Elementary school teacher, Sacramento, California Freelance Writer

Silayan Casino
University of Hawaii (International Studies: Western Europe; German Language & Literature, M.A.)
Woosong University, English Instructor

Steve Homer
Northwestern University, B.S. in Journalism (Honors graduate, class of 1988)
YBM Inc. Editorial Department, Senior Writer and Editor Freelance Writer and Editor

---

행복한 명작 읽기 21 Grade 3

톨스토이 단편선
Tolstoy's Short Stories

원작 Lev Nikolaevich Tolstoy　　**각색** Brian J. Stuart
펴낸이 정규도　　**펴낸곳** (주)다락원

초판 1쇄 발행 2004년 5월 10일　**초판 16쇄 발행** 2023년 7월 25일

책임편집 김지영, 김명진　　**디자인** 손혜정, 허문희
일러스트 Ekaterina Andreeva　　**녹음** Michael Yancey, Amy Lewis

다락원 경기도 파주시 문발로 211
Tel (02)736-2031 (출판부: 내선 523 영업부: 내선 250~252) Fax 02)732-2037
출판등록 1977년 9월 16일 제406-2008-000007호
Copyright ⓒ 2004, 다락원

저자 및 출판사의 허락 없이 이 책의 일부 또는 전부를 무단 복제·전재·발췌할 수 없습니다.
잘못된 책은 바꿔 드립니다.

ISBN 978-89-7255-907-8 48740

---

http://www.darakwon.co.kr
- 다락원 홈페이지를 방문하시면 상세한 출판 정보와 함께 동영상 강좌, MP3 자료 등 다양한 도서의 어학 정보를 얻으실 수 있습니다.